SKY 부부의
2주 완성
벼락치기
공부법

기적같이 등급이 올라가는 시험 직전 벼락치기 공부

SKY 부부의 2주 완성 벼락치기 공부법

안예찬, 고선희 지음

포르*케

'벼락치기 다이어리' PDF 파일은 아래의 QR 코드로 다운로드하실 수 있습니다.

인쇄용   태블릿용

벼락치기로 SKY에 간
부부의 이야기

　만약 어떤 학생이 네이버 지식인에서 '벼락치기'로 공부해서 SKY에 갈 수 있냐고 물어본다면 어떤 댓글이 달릴까요? 아마도 대부분은 "꿈 깨라.", "요행을 바라지 말고 그 시간에 공부나 제대로 해라."라는 댓글들이 달릴 것입니다. 하지만 '벼락치기 공부법'으로 고려대에 간 저와 '벼락치기'를 잘 해왔기 때문에 서울대에 간 제 아내는 그 학생에게 "충분히 가능하다."라고 댓글을 달았을 것입니다.

　세상에는 정말 수백 가지의 공부법이 있고, 각자 이 공부법을 통해 하버드에 갔다, 서울대에 갔다, 의사가 되었다며 대단한 성과를 자랑합니다. 하지만 이 책을 읽고 계신

학생 여러분이, 혹은 학부모님의 자녀가 현재 특출나게 공부에 흥미가 있지 않거나 성적이 그다지 좋지 않다면 시중의 그 대단한 공부법들은 특별히 도움이 되긴 어렵습니다.

왜냐면 그 공부법들이 얘기하는 대로, 요구하는 대로 공부를 하지 않을 것이기 때문이죠. 30kg을 감량하고 몸짱이 된 사람의 다이어트 비법 영상을 감명 깊게 보았다고 해서 나도 몸짱이 되는 것은 아닌 것과 같은 이치입니다. 반면 저희가 이 책을 통해 소개해 드릴 '벼락치기 공부법'은 여러분 혹은 여러분의 자녀가 획기적인 성적의 향상을 당장 이뤄낼 수 있는 '현실적으로' 유일한 방법일 수도 있습니다.

여기서 '벼락치기 공부법'은 대부분의 선입견처럼 팽팽 놀다가 시험 전날에 2시간 공부해서 좋은 성적을 거두는 요행과 같은 방법을 말하는 것이 아닙니다. 정확하게 표현하자면 '최소한으로 공부하면서 최대한의 성적을 낼 수 있는 효율적인 시험 준비 방법'에 더 가깝다고 할 수 있습니다. 저희는 이 책을 읽는 여러분에게 시중의 다른 공부법 책이 요구하는 것 같은 엄청난 결심을 요구하지 않습니다. 그것이 비현실적이라고 생각하기 때문입니다.

저나 제 아내도 학창 시절, 그다지 공부하기를 좋아하지 않는 보통의 학생이었습니다. 그럼에도 시험 성적은 잘 받고 싶었기 때문에 어떻게 하면 가장 조금 공부하고 가장 좋은 성적을 받을 수 있는지를 고민하며 각자 시험 준비 방법을 터득했고, 이를 통해 대학 진학 및 각종 자격, 어학, 취업에 관한 시험을 잘 치러 왔습니다. 나중에 함께 서로의 공부 방법에 대해 이야기하며 일맥상통하는 바를 찾게 되었습니다. 이처럼 아내와 제가 발견한 공통적인 근본 요소들과 제가 블로그에 연재했던 벼락치기 공부법에 관한 글을 기반으로 이 책을 쓰게 되었습니다.

좋은 성적을 받기 위한 비법이 있을까요? 결론부터 말하자면 있습니다. 하지만 사실 비법은 아닙니다. 물론 많은 공부법 책들과 교육 멘토들 개개인의 방식은 모두 다르겠지만, 근본 요소들은 같습니다. 마치 다양한 다이어트 방법이 있어도 근본 요소만 추리면 섭취하는 칼로리보다 더 많은 칼로리를 소모하면 살이 빠진다는 단순한 원리인 것처럼 말입니다. 좋은 성적을 받기 위한 근본 요소도 단순합니다. 시험 범위에서 시험에 나올 만큼 중요한 부분을 파악하고, 한정된 시간 안에서 빈틈없이 공부하여 시험 때 답을 잘 맞히면 됩니다. 그리고 저희가 소개할 벼락치기 공부법은 모든 군더더기를 뺀 가장 효율적인 공부 방식입니다.

왜 다른 공부법 대신 벼락치기 공부법으로 시작해야

할까요? 우선 벼락치기는 시작하기에 가장 부담이 적습니다. 매일 공부 계획을 세울 필요도 없고 학기 내내 공부를 할 필요도 없습니다. 시험 전에 딱 2주만 하면 됩니다. 나머지 시간에는 평소 학교 수업만 잘 들었다면 놀아도 되고, 학원에 가지 않아도 됩니다. 그래도 이 책에서 하라는 대로만 하면 성적이 오를 것입니다.

무엇보다 중요한 것은, 이렇게 한 번 성적이 오르는 경험을 하면 '나도 할 수 있네?'라는 근거 '있는' 자신감이 생기게 된다는 점입니다. 어느새 그렇게도 하기 싫던 공부가 하고 싶어지는 신기한 경험을 하게 될 것입니다. 그리고 공부를 하면 할수록 더 요령있게 잘하게 될 것입니다. 물론 그 과정에서 따로 비용은 들지 않습니다. 벼락치기는 완전한 자기주도학습이기 때문입니다.

사람은 스스로가 규정한 자신의 한계까지만 꿈을 꾸고 성장할 수 있습니다. 하지만 한국의 학생들 대부분은 현재의 부진한 성적을 이유로 자신의 잠재력을 과소평가합니다. 이 책을 통해 여러분이 벼락치기라는 방법을 활용하여, 지금까지 스스로 매겼던 한계를 뛰어넘어 자신의 진정한 가능성을 발견할 수 있기를 바랍니다. 방법을 모를 뿐 잘하고 싶은 열망과 의지가 있는 학생들에게 벼락치기는 가장 손쉬운 도구이자 무기가 될 것입니다. 정말 처음 공부를 해 보고자 하는 사람도 이해하고 따라올 수 있도록 점수대별 자기 진단부터, 벼락치기 계획 세우는 방법 및 각 시기별 공부 요령, 그리고 마지막으로 시험 보는 요령까지 자세하게 담았습니다. 모쪼록 많은 학생들이 이 책으로 성적을 올리는 것은 물론이고 더 멋진 자신의 모습을 발견할 수 있길 바랍니다.

2024년 봄
안예찬, 고선희

목차

1장

벼락치기 공부법의
오해와 진실

벼락치기 공부법을 정리하게 된 이유

공부법을 정리하다

벼락치기 공부법에 관해 책을 써야겠다는 생각은 내가 군대를 막 제대하고 난 여름, 아주 우연찮은 계기로 생기게 되었다. 대학생이 되면 여름방학이 고등학교 다닐 때보다 더 길어지는데, 그 당시에는 긴 방학 기간 동안 많은 대학생들이 동아리 혹은 교회에서 여러 선후배와 농촌 봉사를 가는 문화가 있었다. 나는 막 군대에서 제대하고 나서 3학년 첫 학기를 마친 때였고, 에너지가 넘치던 시절이었기 때문에 농촌 봉사를 가는 여러 지역 중 하나를 이끄는 리더를 맡게 됐다. 그렇게 맡게 된 지역이 강원도 영월의 마차 지역이었다. 사실 리더를 맡게 되면서 처음 들은 지역이었기 때문에 어떤 봉사를 하는 것이 좋을지 감이 없었다. 그래서 지역에 어떤 필요가 있는지 알아보기 위해 사전 답사를 가기로 하고 미리 북면에 있는 면사무소에 연락을 드려 약속을 잡고 찾아갔다.

기차를 타고 버스를 타고 북면까지 가서 면사무소에 도착하니 면사무소의 총무계장님께서 우리를 맞아 주셨다. 마을에서 필요한 밭일이나, 형편이 어려운 가정에 가서 집 청소를 하는 봉사, 도시락을 나눠드리는 봉사 등 필요한 부분들을 이야기해 주셨다. 그러면서 서울에서 '선생님들'이 왔으니 지역 중·고등학생 예닐곱 명에게 공부를 가르쳐 달라는 부탁을 하셨다. 그중에는 총무계장님의 아들도 있었다. 이야기를 들어 보니 아드님의 성적 때문에 고민이 많으셨던 것 같았다.

계장님의 아들은 전형적인 '보통' 학생이었다. 성적이 좋지는 않은데 그렇다고 공부를 완전히 놓은 것은 아닌, 그러나 자기만의 공부 요령이 없어서 공부를 해도 들이는 노력만큼 성적이 잘 안 나오는 상황이었다. 부모 입장에서는 참 답답할 터였다. 주변에 물어볼 만한 사람도 없고, 배울 곳도 없어서 고민이 깊어져 갈 때 서울의 좋은 대학에서 공부하는 대학생들이 온다고 하니, 계장님 입장에서는 구세

주와도 같은 소식이었던 것이다. 나는 잘 준비해 보겠다고 말씀드리고, 돌아와서 팀원들과 필요하다고 하셨던 봉사들을 몇 주간 준비했다.

나는 리더로서 각 봉사 영역에 부 리더들을 세워서 준비를 맡겼다. 나는 그중에서 중·고등학생들에게 공부를 가르쳐 주는 역할을 맡기로 했다. 맡고 보니 1주일 정도 밖에 안 되는 짧은 봉사 기간 내에 가르쳐 줄 수 있는 것이 뭐가 있을까 고민이 되었다. 우선 대상이 되는 학생들에 대해서 생각해 보았다. 내가 공부를 가르쳐 줘야 하는 마차 지역 중·고등학생들은 공부를 잘하거나 공부에 특별히 관심 있는 학생들은 아니었다. 그렇기 때문에 어디부터 이야기해야 할지 고민이 됐다.

우선 정말 아무 것도 모른다는 가정을 하고 가장 기본부터 가르쳐야겠다고 생각했다. 다만 국어의 기초를 잡아 준다거나 수학을 알려 주는 것처럼 과목 자체를 알려 주기에는 불가능한 짧은 시간이었기 때문에 차라리 성적을 올리는 노하우를 알려 주는 것이 더 좋겠다고 생각했다. 그래서 내가 가장 자신 있고, 또한 가장 써먹기 쉽고, 효과도 가장 좋은 '벼락치기 공부 노하우'를 알려 주기로 마음 먹고 준비를 시작했다.

보통 성적이 좋지 않은 학생들은 한정된 시간과 집중

력을 어떻게 분배해 시험 준비를 해야 할지 잘 모르는 경우가 많다. 또한 자신이 시험 공부하는 방법에 대해서 확신이 없어서 실제로 집중해서 자신있게 공부하지 못하고, 또 쓸데없는 것에 시간을 많이 쓰기도 한다. 따라서 어떻게 시험 공부 계획을 세우는지, 어떤 부분이 시험에 나오는 중요한 부분인지, 어떻게 공부해야 효율적으로 잘 공부하고 암기할 수 있는지를 정리했다. 그리고 시험을 볼 때는 어떤 식으로 풀어야 가장 좋은 성적을 받을 수 있는지에 대해서 내가 중·고등학교 시절을 보내며 터득했던 노하우들도 체계적으로 정리했다.

　몇 주간의 준비를 마치고 드디어 팀원들과 봉사를 갔다. 만나서 이런저런 이야기를 나누어 보니 학생들 중에서는 성적이 나름 좋은 친구도 있었지만, 역시 대부분은 공부에 별 관심이 없고 성적도 잘 안 나오는 학생들이 많았다. 더욱이 어떤 식으로 시험 공부를 해야 하는지 등 자신의 공부 방법이 확립된 친구는 없었다. 나는 이야기를 나누며 내가 준비한 벼락치기 공부법이 학생들에게 분명 도움이 되리라는 확신이 생겼고, 벼락치기 공부법에 대해서 몇 시간에 걸쳐 알려 주었다. 그 산만한 학생들도 공부법을 알려줄 때만은 굉장히 집중하여 들었다. 어떤 학생은 이런 이야기는 처음 듣는다면서 까먹기 전에 2학기가 되면 얼른 해 보고 싶다고 이야기하기도 했다.

추적 조사를 하지 못해서 학생들이 결과적으로 공부를 잘하게 되었는지를 모르는 것이 좀 아쉽긴 하다. 그렇지만 생생히 기억하기로 그날 아이들의 눈은 반짝거렸고, 총무계장님 또한 아들에게 어떤 후기를 들었는지는 모르지만 매우 만족하고 고마워하셨다. 우리 봉사팀 전체에게 송어회도 사 주시고 공짜로 래프팅도 시켜 주셨으니 말이다.

학원에 다니지 않고 SKY에 간 방법

사실 나는 '제2의 강남'이라고도 불리는 서울 목동에서 자라면서 공부에 대한 정보를 접하는 게 그나마 쉬웠다. 다만 그렇다고 크게 사교육의 도움을 받지는 않았다. 왜냐하면 중학교 2학년 때 한 학기 종합학원에 다녔는데, 학원에서 '좋은' 친구들을 많이 만난 결과 한 학기 동안 평균이 10점이나 떨어졌기 때문이다. 그 이후로는 고등학교 3학년 여름방학 때 사탐 특강을 듣기 전까지 학원에 다니지 않았다(못했다).

지극히 평범한 학생이었던 나는 여느 학생들과 다르지 않게 평소에 공부하지 '않고', 늘 벼락치기로 시험 기간에만 공부를 했다. 벼락치기만 했지만 그래도 어쨌든 학원에 다니지 않고, 나만의 계획을 세워서 공부를 했으니 진정한 의미의 자기주도학습이었다고 할 수 있다. 그렇게 혼자 벼락치기로 목동에서 중학생 때부터 고등학교 3학년 때까지 꾸준히 성적을 상승시켜 반에서 1등까지 했다. 이후 입학한 고려대에서도 꾸준히 좋은 성적을 받았다. 나는 그런 경험을 통해 벼락치기 공부법에 관한 자신감을 얻었다.

마차 지역에서 학생들에게 이 공부법을 알려 주고 학생들이 도움을 받는 모습을 보면서, 어쩌면 다른 학생들에게도 도움이 될 수 있겠다는 생각이 들었다. 그래서 블로그를 통해 내가 준비했던 강의안을 토대로 벼락치기 공부법에 대한 글을 연재하기 시작했다. 현재는 블로그 총 누적 조회수 66만 회에 구독자 4천 명이 넘었고, 구글에서 '벼락치기'를 검색하면 지난 7~8년간 가장 첫 페이지에 내 블로그 글이 검색될 정도로 벼락치기 공부법에 대해서는 한국에서 가장 많이 읽힌 글이 되었다.

이후 서울대 출신의 아내를 만났는데, 서로 각자의 공부법에 대해서 이야기할 기회가 있었다. 그런데 아내의 공부법이 나와 비슷한 것이 아닌가? 그때 벼락치기 공부법이 나만 터득하고 쓰던 것이 아니라, 공부를 잘 하는 사람들이 가지고 있는 공통적인 시험 공부의 요소들이 있는 공부법

임을 다시 한번 발견하게 되었다. 이런 이유로 내 글에 추가적인 예시 자료들과 아내의 인사이트를 더해 이 책을 엮게 되었다.

왜 굳이 벼락치기일까?

하고 많은 공부법 중에 '벼락치기 공부법'에 관해 책을 쓰게 된 이유는 몇 가지가 있다.

첫 번째, 내가 공부의 신은 아니지만 벼락치기 하나만은 자신 있기 때문이다. 아내처럼 전교 1등은 아니었지만 중·고등학교를 거치며 학교 수업과 벼락치기만으로 꾸준한 성적 상승을 이루어 고등학교 3학년 때는 반 1등을 했고, 고려대에 입학할 때 내신에서는 거의 점수가 깎이지 않아 수시 전형으로 합격할 수 있었다. 또한 전국에서 공부꽤 잘한다는 사람들이 모인 고려대에서의 학점도 4.5점 만점에 4점에 육박한다. 평균점 A에 가까운 점수인데, 이 역시 모두 벼락치기를 잘한 덕이다.

두 번째 이유는 벼락치기만큼 효과가 빠른 것도 없기 때문이다. 제대로 된 방법만 잘 터득하면 한 번에 10~20점도 팍팍 오를 수 있다.

세 번째 이유는 벼락치기만큼 쉬운 방법도 없어서다. 평균 2~30점인 애들도 마음만 먹고 책의 내용대로 따라 한다면 바로 할 수 있다. 다만 보통은 그런 쉬운 방법조차 따라 하지 않는다는 게 문제다.

네 번째, 시중에 나와 있는 공부법 책 중에 벼락치기 공부법과 같이 진입 장벽이 낮은 공부법을 소개하는 책이 별로 없다. 아직 마음의 준비가 되지 않은 학생들에게 전교 1등 공부법, 하버드 공부법을 들이대며 '순공(순수 공부)' 10시간을 요구하는 공부법 책들이 많다. 공부할 준비가 되어 있지 않은 학생들이 그런 책에서 소개하는 공부법을 쉽게 받아들일 수 있을까? 읽고 나서도 왠지 공부한 것 같은 느낌만 남을 뿐, 실제로 책 내용대로 공부해 보지 않는 슬픈 경우가 대부분이다.

다섯 번째, 벼락치기를 안 하는 사람은 없다고 생각하기 때문이다. 사실 벼락치기라는 것이 최대한 기간을 짧게 잡아 가장 효율적인 시험 공부 계획을 짜는 것일 뿐, 여기서 기간을 늘려 계획표를 짜면 일반 공부법이나 다름 없다. 그러니 명문대 학생치고, 공부 잘하는 사람치고, 벼락치기 안 하는 사람은 없다는 것이 나와 아내의 믿음이다. 우리 주변에는 정말 공부 잘하는 친구들이 많다. 고시에서 수석을 한 친구나 나보다 공부 잘하는 친구들에게 물어보면 다들 시험 몇 주 전부터 각자 나름의 공부 계획을 세워서 시험 준비를 한다. 각자의 디테일한 공부 방법은 다 다르지만, 단언컨대 벼락치기를 아예 안 하는 사람은 있어도 한 번만 하는 사람은 없다.

사교육 시장은 벼락치기 공부법을 외면한다

그런데 벼락치기가 이렇게 단순하고 강력하다면 왜 지금까지는 주목받지 못했을까? 나는 가장 큰 이유를 '돈이 안 되기 때문'이라고 생각한다. 벼락치기는 사실상 자기주도 하에 이루어지는 공부법이다. 혼자 계획을 잘 세우고 필요한 공부를 혼자 해 나가면 된다. 그게 다다. 근데 중요한 것은 단순하면 단순할수록 사교육이 끼어들 자리가 좁다는 점이다.

학원, 과외, 온라인 강의 등등 사교육의 본질은 결국 비즈니스다. 돈을 버는 것이 나쁘다는 게 아니라 그게 사교육의 본질이라는 것이다. 학부모님들이, 학생들이 돈을 쓰게 하려면 교육 서비스를 제공하고 그 서비스에 부모님과 학생이 의지하게 하는 것이 필수적이다.

사교육은 그들이 의도했든 의도하지 않았든 간에 여러

분 혼자서도 충분히 할 수 있다는 생각을 하지 못하게 만든다. 혼자 성취한 경험을 해 보지 못했는데 어떻게 혼자서도 충분히 할 수 있겠다는 자신감이 자연스럽게 생기겠는가? 벼락치기가 단발성이 짙은, 좋지 않은 공부법일 것이라는 학부모님들의 우려와는 반대로 학원이나 과외같은 사교육이 더 단발성이다. 학원이나 과외 등 사교육의 도움을 받지 않고 공부해 본 적이 없는 학생에게 모든 사교육을 끊고 혼자 공부해서 시험을 보라고 하면 과연 자기 공부를 바로 할 수 있을까? 분명 갈피를 잡기 쉽지 않을 것이다.

반면 벼락치기 공부법을 통해 자신의 상황에 맞춰 혼자 계획을 세워 공부해 성적을 올린 경험이 있는 학생은 오히려 혼자 해 보았기 때문에 어떻게 공부해야 할지 분명히 알 것이다. 또한 그렇게 해서 성적을 올린 경험이 있는 학생은 다시 성적이 떨어지고 싶지 않고, 또 더 올릴 수 있으리라는 자신감이 있기 때문에 더 지속적으로 공부를 하고자 하는 원동력을 가질 수 있게 된다.

사교육 자체를 부정하는 것은 아니다. 물론 사명감을 가지고 잘 가르치시는 많은 학원 선생님들과 과외 선생님들이 있다. 그리고 만약 학생 본인이 공부하는 데 필요한 것이 무엇인지 분명하게 알고, 그것을 채워줄 수 있는 사교육을 찾아서 도움을 받는다면 그것은 원하는 결과를 단시간에 얻을 수 있도록 도와주는 지름길이 될 수 있다.

문제는 자신이 어떤 게 필요한지 정확하게 모르거나 혹은 필요하지도 않은데 안 하면 뒤처질 것 같아서, 주변의 친구들은 이미 다 하고 있기 때문에, 혼자 하면 망할 것 같아서 사교육에 과다하게 돈과 시간을 쓰는 것이 문제다.

나는 이 책을 가지고 돈을 크게 벌고 싶은 생각이 없다. 나는 설령 이 책이 굉장히 잘 되어서 어떤 돈 많은 학부모님이 거액을 주고 개인 과외를 해 달라고 한다 해도 할 생각이 없다. 내가 원하는 것은 여러분이 굳이 쓸데없는 데 돈을 쓰지 않고, 시간을 낭비하지 않는 것이다. 최소의 노력으로 최대의 성적 향상을 이룰 수 있도록 돕고 싶다.

벼락치기 공부법은 내가 지금의 모습이 되기까지 내 삶에서 많은 도움을 주었다. 어쩌면 이 책을 지금 읽고 있는 여러분의 삶을 바꿀 수도 있다. 그렇다면 여러분은 벼락치기에 대해 제대로 알고 있는가? 오해가 있지는 않은가? 여러분이 가지고 있던 오해들을 해명하는 시간으로 본격적인 글을 시작하고자 한다.

벼락치기 공부에 대한 오해와 진실

아마 이 책을 여기까지 읽고 있는 사람이라면 지금 자신의 성적에 만족하지 못하는 사람일 것이다. 아니면 부모님이 당신의 성적에 만족하지 못 하시던지 말이다. 여러분의 상황이 둘 중 어느 것이든 간에 성적을 올릴 수 있는 공부 방법에 대한 필요성을 느끼고 있다는 건 사실인데, 좋은 시작이다. 벼락치기는 분명 여러분에게 가장 직접적이고 빠른 도움을 줄 것이다.

물론 내가 하는 말이 정말일지 의구심을 분명 가지고 있을 것이다. 왜냐하면 지금까지 여러분이 '벼락치기'라는 단어를 들었을 때는, 보통 부정적인 의미로 들었을 것이기 때문이다. 그러나 그런 의심이 있어서는 안 된다. 이 의심을 없애는 것이 내가 여러분을 위해 해야 하는 가장 첫 번째 일이다. 공부를 할 때 무엇보다 중요한 것은 지금 자신이 공부하는 방법에 대한 확신 여부이기 때문이다.

아마 여러분도 공부하면서 '내가 지금 공부하고 있는 방법이 맞나?'라는 생각을 해 본 적이 있을지 모른다. 해 봤던 사람은 알겠지만, 머릿속에 이 생각이 드는 순간, 불안해지고 집중력이 흐트러진다. 지금 하는 방법이 성공할 수 있는 최고의 방법이라는 확신이 있어야만 집중해서 공부를 할 수 있다. 따라서 벼락치기를 진짜 제대로 해 보기 위해서는 우선 우리가 가진 벼락치기에 대한 오해들을 풀어보는 시간이 필요하다. 자, 그럼 우리가 가지고 있던 벼락치기에 대한 선입견들에 대해 하나하나 살펴보자.

오해 1: 벼락치기는 시험 점수 나쁜 애들이나 게으른 애들이 하는 거다?

틀렸다. 물론 아예 공부를 포기한 친구라면 벼락치기는 커녕 어떤 공부도 안 하겠지만, 보통의 최하위권의 학생들이라도 그 정도까지는 가지 않고 적어도 시험 전날에 양심상 시험 범위라도 잠깐 훑어보고 시험을 보러 간다. 그것이 최하위권의 '벼락치기'다. 그보다 좀 나은 하위권의 학생들(공부를 완전히 놓지는 않았지만 그렇다고 딱히 하지도 않는 학생)이라면 과목당 반나절씩, 혹은 조금 더 많은 시간을 투자해서 나름의 '벼락치기' 공부를 하고 시험을 볼 것이다.

그럼 최상위권의 학생들은 어떨까? SKY에 가는 최상위권의 학생들 또한 나름의 '벼락치기' 방식으로 시험을 준비하고 있다. 실제로 시험 직전에 친구들에게 충분히 준비했냐 물어본다면, 전교 1등인 친구들도 "아니, 나 물리 본다고 국사 볼 시간이 없었잖아."라고 대답한다. 전교 1등이라고 해도 우리와 다르게 무한정 시간이 있는 것이 아니기 때문에 모든 과목을 완벽하게 다 볼 수는 없다. 공부를 잘하는 학생들은 그 한정된 시간에 효율적으로, 무엇이 중요한지를 파악하고 집중적으로 학습하는 능력, 즉 벼락치기를 잘하는 사람들이다.

이렇듯 사실 시험을 준비하는 학생이라면 전교 1등은 물론이고, 반 1등도, 중상위권 학생들도, 50~60점대의 학생들도, 30~40점의 하위권 학생들도 시험이 다가오면 평소와는 다르게 좀 더 많은 시간을 들여 시험을 보기 위한 준비, 나름의 '벼락치기'를 한다. 대학생이라고 안 할 것 같은가? SKY 학생들도, 심지어 미국의 대학생들도 시험이 다가오면 벼락치기를 한다. 다만 '어떻게' 하느냐가 성적의 차이를 만들어 낼 뿐이다. 나는 그 여러 벼락치기 방법 중 가장 효율적이고 좋은 방법을 여러분에게 알려 줄 것이다.

오해 2: 벼락치기는 나쁜 공부법이다?

또 틀렸다. 한 마디로 얘기하자면, 벼락치기는 나쁜 공부법이 아니라 여러분이 꼭 마스터해야 하는 '필수 시험 공부법'이다. 아까 얘기했지만, 모든 시험을 보는 학생들은 벼락치기를 한다. 그리고 세계 어느 나라를 가도 중·고등학생부터 대학생까지 어떤 형태로든 중간고사와 기말고사가 졸업할 때까지 늘 따라다닌다.

졸업하면 끝인가? 토익, 자격증, 공무원, 고시, 심지어 운전면허를 따려고 해도 필기시험을 봐야만 한다. 믿고 싶지 않은 슬프고 암담한 현실이다. 언제쯤이면 시험 없는 세상에서 살 수 있을까? 아마 직접 뇌를 관찰하여 학업 상태를 확인할 수 있기 전까지는 없어지지 않을 것이다. 어쨌든 확신하는데, 지금 이 글을 읽고 있는 여러분이 학창시절을 벗어나기 전까지 그날은 오지 않을 것이다.

그렇기 때문에 결국 우리는 시험을 보아야만 하는 이 세상에서 어떻게 살아가야 할지 방법을 찾아내야 한다. 시험이란 것을 피할 수 없으면? 그 가운데서 잘할 수 있는 방법, 즐길 수 있는 방법을 찾는 수밖에 없다. 그래도 한 가지 희망적인 사실은, 그렇게 재미없던 공부도 성적이 '오르면' 신기하게 그 가운데서 성취감과 재미를 느낄 수 있다는 사실이다.

정리해서 말하자면 우리는 살면서 언젠가는 시험을 볼 건데, 어떻게 준비하느냐가 차이를 만들어 내기 때문에 필수적으로 벼락치기 공부법은 마스터해야 한다는 이야기다. 벼락치기는 여러분이 대학 생활을 마치고 사회에 나가서까지도 익숙하게 써먹을 수 있어야 하는 무기와도 같다.

오해 3: 공부 잘하는 애들은 무조건 평소에 공부를 열심히 한다?

솔직히 가장 하기 쉬운 오해 중 하나다. 그럴 만도 한 게 유명한 공스타그램 계정들을 보면 매일 순공 10시간씩 하며 꾸준히 인증을 한다. 그들이 좋은 성적을 받고 입시 결과도 좋은 것을 보다 보면 평소에 공부를 열심히 해야만 좋은 성적을 얻을 수 있을 것 같다. 그러니 벼락치기 같은 좋지 않은 공부법으로는, 혹은 벼락치기 공부법 '만'으로는 성적을 올릴 수 없다고 생각하기가 쉽다. 그러나 벼락치기가 전교 1등도 하는 필수 시험 공부법이란 것은 앞에서 설명했다. 그러니 여기서는 평소에 꾸준히 하는 공부가 필수적이고, 벼락치기만으로는 성적을 올릴 수 없다는 남은 오해를 풀어보고자 한다.

물론 3월 초에 개학하자마자 두 달 동안 매일매일 예습과 복습으로 중간고사를 준비하는 학생도 분명 있을 것이다. 다만 그 모든 평소의 공부, 예습과 복습이란 것이 우리가 이야기하는 벼락치기 공부법의 연장선상에 있다는 것을 이해해야 한다. 시험 기간 전의 평소 공부를 어느 정도를 쌓았건 간에 그 쌓인 것이 마지막 몇 주간의 집중적인 벼락치기 공부 기간의 재료가 된다는 것이다.

시험을 위해 공부에 들이는 인풋은 개개인마다 차이가 있고 스펙트럼이 넓다. 매일 순공을 10시간 하여 모든 킬러 문항을 맞게 공부하는 친구도 있고, 우리 부부처럼 평소 공부는 거의 하지 않고 벼락치기 공부로 좋은 성적을 거두는 사람도 있다. 공부 인풋이 많을 수록 더 많은 지식을 쌓을 개연성이 크긴 하지만, 공부를 오래 한다고 해서 무조건 성적이 오르는 것은 아니다. 운동하는 방법을 전혀 모르면서 헬스장에서 죽치고 있는 것보다, 1시간이라도 제대로 알고 운동할 때 더 몸을 잘 만들 수 있는 것처럼 말이다. 우리는 이 책에서 시험 전 2주를 가장 효율적인 공부 인풋 기준으로 제시할 것이다. 그 정도의 인풋으로 2등급까지는 분명하게 올릴 수 있는 방법을 알려줄 예정이다.

혹시 여러분이 이미 공부에 어느 정도 시간을 투자하고 있음에도 성적이 오르지 않거나, 반대로 공부 습관 자체가 없어 어디서부터 뭘 해야 할지 모르겠다면, 이 책을 읽고 꼭 적용해 보길 바란다. 그토록 오르지 않던 성적이 오르는 재미와 성취를 얻을 수 있을 것이다.

오해 4: 벼락치기는 정말로 공부가 되진 않는다?

이건 반 정도는 인정한다. 벼락치기가 '진정한 공부'라고 할 수는 없겠지만, 시험 공부라는 의미에서는 공부라고 할 수 있을 것이다.

물론 나도 여러분이 지금부터 진정한 의미의 공부를 할 수 있다면 정말 좋겠다. 하지만 아무런 준비도 하지 않은 상황에서 그러기가 쉽지 않다는 사실 또한 잘 안다. 지금은 진정한 공부든 뭐든 별로 하고 싶은 마음이 없다는 것도 잘 안다. 나도 중·고등학교 시절에는 그랬기 때문에 여러분에게도 그런 부분까지 기대하는 마음은 없다. 그래서 나는 벼락치기를 하는 것 자체가 차선책이라고 생각한다. 최선으로 가기 위한 첫 발걸음 말이다.

그리고 여러분의 나이대에는 벼락치기로 외운 것도 어떻게든 머릿속에 남는다. 수업 시간에 선생님의 말씀을 듣는 것도 기본적인 공부가 되는 것이기 때문에, 여러분이 대한민국을 살아갈 사회인으로서 기본적인 소양을 갖추는 정도까지는 수업을 듣고 벼락치기를 하는 것으로도 큰 문제 없이 달성할 수 있다.

오해 5: 예습·복습하는 것이 진짜 공부 아닌가?

이전에 이미 얘기했듯이 미리 예습·복습을 할 수 있다면야 나쁠 것은 없다. 하겠다는데 말리지는 않는다. 다만 현실적으로 생각해 보자. 실제로 안 하지 않는가? 나는 지금도 예습·복습이 안 된다. 물론 하고 싶은 생각도 없다. 설령 여러분이 분명히 해낼 것이라는 의지가 있다고 목소리를 높일지라도 지금까지의 여러분의 히스토리를 보았을 때 큰 기대를 하기는 어렵다고 본다.

결국 단계가 필요하다는 말을 하고 싶다. 갓난아이가

달리고 싶다고 해서 곧바로 달릴 수는 없지 않은가? 우선 기어야 하고, 설 수 있어야 하고, 그다음에서야 걷고 달릴 수 있는 것처럼 마찬가지로 공부를 하려는 의지가 있어도, 내가 내공이 쌓여야만 그런 것까지 할 수 있는 것이다.

100톤이 넘는 로켓을 하늘에 띄워서 대기권 밖 우주까지 내보내기 위해서는 2~4단의 로켓 추진체가 필요한데, 땅에서 띄우는 역할을 하는 1단 로켓이 가장 크고 무겁다. 공부도 마찬가지로 공부를 안 하던 여러분이, 혹은 여러분의 자녀가 공부를 하는 사람으로 바뀌는 것은 로켓이 하늘로 솟아오르는 것과 같이 어려운 일이다.

단순히 부모님의 잔소리라던가 공부법 관련 영상을 보는 것만으로는 불가능하다. 1단 로켓처럼 더욱 크고 강렬한 경험이 있어야 바뀔 수 있다. 벼락치기 공부법은 여러분에게 짧은 기간 안에 성적 상승이라는 강력한 성공 경험을 하게 해 줄 것이고, 이는 '부스터(Booster)'라고 불리는 1단 로켓처럼 여러분의 성적을 꾸준한 성장 궤도로 올려 줄 것이다.

벼락치기에 관한 결론

여기까지 들었으면 알겠지만, '벼락치기 공부법'은 대부분의 선입견처럼 팽팽 놀다가 시험 전날에 2시간 공부해서 좋은 성적을 거두는 요행과 같은 방법을 말하는 것이 아니다. 정확하게 표현하자면 '최소한으로 공부하면서 최대한의 성적을 낼 수 있는 극 효율의 시험 준비 방법'에 더 가깝다고 할 수 있다.

오해하지 않았으면 좋겠는데, 나는 지금 여러분들을 더 공부시키려고 이 글을 쓰는 것이 아니다. 정말 여러분이 가장 '최소한'으로 공부하길 바라고 이 책을 쓰고 있다. 가장 효율적으로 공부하여 최소한의 노력으로 필요한 성적을 만들 수 있는 방법을 알려 주려는 것이다.

벼락치기 공부법은 여러분이 앞으로 사회에 나가기 전까지, 또 사회에 나가서도 늘 써야 할 것이다. 이 공부법은 과목에 큰 상관없이 쓰일 수 있고, 중·고등학교 내신뿐 아니라 대학 입학 이후에도, 심지어 취업 준비나 승진 등 사회 생활을 하면서도 쓸 수 있다. 여러분이 이걸 잘할 수만 있다면 여러분의 인생에 정말 큰 도움이 될 것이라 장담한다. 여러분들이 지금 하고 싶은 것이 없어도 나중에라도 하고 싶은 것, 이루고 싶은 목표가 생겼을 때 그것을 이룰 수 있게 해 주는 가장 강력한 도구가 될 것이다. 지금까지 내가 벼락치기의 도움을 많이 받았던 것처럼 말이다. 그러나 이쯤 되면 여러분들 머릿속에 질문이 하나 생길 것이다.

'나도 나름대로 시험 공부를 하고 있는데, 왜 나는 점수가 안 나오지?'

이 질문에 대한 대답은 다음 편에서 아주 명쾌하게 얻을 수 있다.

먼저 자신을 알아야
좋은 계획을 세울 수 있다

요즘 유행하는 MBTI에서 마지막 문자인 행동 방식은 J타입(판단형)과 P타입(인식형)으로 나뉜다. 실생활에 적용할 때는 주로 계획대로 행동하는지, 즉흥적인지로 이해된다. 본인의 행동 방식이 어떤지에 따라서 계획 수행의 정도가 달라지므로, 계획을 세우기 전에 자신에 대한 이해가 선행되어야 한다.

예를 들어 계획적인 성향(판단형)일 경우, 계획대로 되지 않을 때 과도한 스트레스를 받아 번아웃이 오거나, 앞부분만 의욕적으로 공부하고 뒷부분은 보지도 못하는 등 용두사미가 되어, 과목 혹은 단원별로 학습 정도의 편차가 심해질 수 있다. 이 경우 2주라는 한정된 시간이 특정 과목이나 특정 단원에 집중적으로 분포되게 되므로 전체적인 성적에는 치명적인 악영향을 주게 된다. 그러므로 본인이 판단형인 경우에는 계획을 세울 때부터 현실적인지를 반드시 돌아보고 실현 가능한 수준으로 계획을 세워야 한다.

다음으로 인식형인 경우, 계획은 좀 더 야심차게 세워도 괜찮다. 에드윈 로크의 '목표설정이론'에서도 주장하듯 대부분 어느 정도 난이도 있는 목표가 더 나은 성과를 주기 때문이다. 다만 주의할 것은 집중이 잘 된다는 이유로 특정 과목에만 시간을 투자하거나, 어차피 달성하지 못할 것이라고 하면서 계획대로 하지 않는 등 사실상 무계획 상태로 만들지 않도록 하는 것이다.

뒤에서 이야기하겠지만, 중요한 건 계획을 세우는 것이 아니라 실제 벼락치기 공부를 실행하여 시험을 잘 보는 것이다. 그러니 자신의 실행을 도울 수 있는 계획이 어느 정도 수준일지를 고려하면서 계획을 세워 보길 권한다. 몇 번의 시험을 거치면서 자신에게 맞는 계획 수준을 알게 되면 벼락치기뿐 아니라 다른 계획을 세우는 데 있어서도 도움이 될 것이다.

벼락치기 체크리스트

□ 이전에 벼락치기를 해 본 경험이 있는가? 있다면 효과가 있었는가? 없었다면 그 이유는 무엇이라고 생각하는가?

□ 지금까지 다른 공부법 책을 읽어 본 경험이 있는가? 있었다면 도움이 되었는가? 혹시 도움이 되지 않았다면 그 이유는 무엇인가?

□ 평소 하루 평균 공부 시간이 얼마나 되는가? 공부한 만큼 성적이 나온다고 생각되는가?

□ 공부하러 앉았을 때, 어떻게 공부하겠다는 계획과 방법이 머릿속에 그려지는가? 계획표와 진도만 체크하며 시간을 허비하고 있진 않은가?

□ 이 책의 안내에 따라 벼락치기를 제대로 해 보고 싶은 마음이 생겼는가?

2장

벼락치기,
먼저 본인의 위치를
파악하라

지금 잠깐 눈을 감고 여러분이 가장 최근에 봤던 시험에서 받은 평균 점수를 생각해 보자. 나는 나름 한다고 했는데, 내 점수는 왜 이럴까? 이 질문에 대한 답은 여러분이 어떤 점수대인지에 따라서 다르다. 그러니 이번에는 각 점수대별(원점수)로 그 이유를 하나하나 살펴보도록 하자.

평균 85점 이상: 이미 잘하고 있음

평균 85점 이상인 친구들은 이미 나름 어떻게 시험 준비를 해야 하는지 감이 있고, 또 그 방법이 성과가 있다는 것이기 때문에 앞으로도 하던 대로 하면 된다고 이야기해 주고 싶다. 이 책을 읽다 보면 분명히 내가 다루는 내용에서 익숙한 내용들을 발견할 것이다. 왜냐하면 효과적인 시험 공부 방법은 통하기 마련이기 때문이다. 다만 시험 공부 계획을 세우는 방법이나, 필기하는 법, 각 주차마다 공부하는 방법이나 시험 보는 법 등에서 여러분이 하고 있지 않은 새로운 방법들을 보게 된다면 꼭 주의 깊게 살펴보고 적용해 보길 권한다. 이 책에는 가장 중요한 요소들만 모아 놓았기 때문에 그런 하나하나의 팁들이 여러분이 막혀 있던 부분에서의 성장을 이룰 수 있도록 도울 것이다.

한마디만 더 보태자면, 여러분들이 하고 있는 공부법에 대한 확신을 가지면 좋겠다. '이렇게 공부하는 것이 맞다, 이대로만 하자' 이 생각이 있으면 여러분이 공부할 때, 좀 더 집중해서 추진력 있게 할 수 있을 것이다.

평균 60점 이하: 공부를 안 하고 있음

그럼 내 책의 주요 타깃, 주 독자이자 이 책의 최대 수혜자가 될 60점 이하의 친구들. 여러분의 점수가 왜 그런지 이유를 돌직구로 이야기하자면, 여러분은… 공부든 벼락치기든 '안' 했기 때문에 그에 맞는 점수를 받은 것이다. 물론 여기서 발끈하는 친구가 있을 것이라 생각한다. 나름 대로 시험 공부를 했는데 어떻게 안 했다고 단정적으로 이야기할 수 있냐는 여러분의 반론도 예상이 되지만, 이는 여러분의 착각이다.

한 사람의 학생이 학교에서 시험을 보기 위해서 해야할 공부의 최소한의 양이 있다. 그리고 선생님들은 그 양을 채워야만 맞힐 수 있도록 시험 문제를 낸다. 여러분들은 그 양을 채우지 않은 것이다. 나름 공부한다고 했겠지만, 그 최소한의 양에도 미치지 못하는 만큼 공부를 했기 때문에, 당연히 시험지를 받고 '어후, 왜 이리 모르는 게 많냐' 이런 생각이 들게 되는 것이다.

남들은 쉬웠다고 하는 시험이 나는 어려웠던 경험이 있다면? 100%다. 그러나 그렇다고 낙심할 필요는 없다. 여러분은 내가 얘기하는 최소한의 공부 양에 대해서 들어보고 그걸 요령 있게 채워나가면 금방 60~70점대 이상으로 올라갈 수 있다.

혹시 여기서 '나는 예전부터 공부를 안 했기 때문에 기본이 안 되어 있어서 이 책에서 하라는 대로 따라가지 못할 거야'라고 지레 겁을 먹는 사람들이 있을 수도 있겠다. 하지만 그런 걱정은 하지 않아도 된다. 여러분이 배우고 있는 초·중·고등 과정을 기본 교육 과정이라고 한다. '기본'을 하고 있는데, 기본이 안 되어 있다고 걱정을 하는 것은 틀린 생각이다. 그냥 지금부터 하면 된다.

평균 60점 이상, 85점 이하: 요령이 없음

개인적으로는 이 구간에 있는 친구들이 제일 안타깝다고 생각한다. 왜냐하면 이 구간의 친구들 대부분은 나름 정말 공부한다고 한 친구들이기 때문이다.

이 친구들이 점수가 낮은 이유는 '요령이 없어서'다. 그래서 공부하는 시간이나 들이는 노력은 다른 중상위권 학생들과 비슷할 수 있는데, 방법을 잘 모르고 닥치는 대로 하니 노력에 비해 성적이 안 나오는 것이다. 물론 그 정반대의 타입도 소수지만 있다. 요령은 있는데 공부량이 부족한 친구들도 이 구간에 속할 수 있다.

여러분이 후자의 타입처럼 요령은 이미 있는데 공부량이 부족한 타입이라면 오히려 쉽다. 벼락치기 공부 계획을 세우는 부분과 각 주차에 어떤 식으로, 어느 정도의 공부량을 해야 하는지에 대한 내용을 잘 숙지하고 실행에 옮기기만 한다면 반드시 성적을 올릴 수 있다. 그러나 여러분이 요령이 없는 타입에 속한다고 해서 걱정할 필요는 없다. 겁먹지 말고 내가 앞으로 하나하나 알려 주는 요령들을 따라 하기만 한다면 좋은 결과를 얻을 수 있을 것이라 자신한다.

일단 해 보는 게 중요하다

결론부터 얘기하자면 80점대까지는 벼락치기로 충분히 만들 수 있다. 지금부터 내가 알려 주는 공부법은 이미 앞에서 얘기했듯이 공부를 좀 한다는 친구들이면 기본적으로 알고 있는 것들이고 사실 많은 공부법 컨텐츠에서 공통적으로 등장하는 개념들이다. 효율적으로 시험을 준비하는 방법에는 공통적으로 필요한 요소들이 있기 때문이다. 그러니, 한번 해 보자.

그런데, 안 한다면? 안 한다고 해서 사실 큰일이 일어나는 것은 아니다. 내일도 해가 뜰 것이고, 밥을 먹고 학교를 갈 것이다. 다만… 정말 별다른 일이 없을 것이다. "어제와 똑같이 살면서 다른 내일을 기대하는 것은 정신병 초기 증세다." 알버트 아인슈타인이 얘기했다고 전해지는(사실은 아니지만) 명언이 있다. 지금 여러분들이 하는 방법에서 무언가 바꾸지 않으면 여러분의 삶에서 바뀌는 것은 아무것도 없을 것이다. 뭐라도 해야 여러분의 성적이 바뀐다는 말이다.

사실 벼락치기라는 게 그 강력한 효과에 비해 생각보다 실천하기 어렵지 않다. 그렇기에 나도 이 책에서 최대한 쉽게 설명하려고 노력했다. 다음 챕터에서는 벼락치기 공부법의 가장 첫 걸음이 무엇인지 이야기해 보도록 하겠다.

벼락치기의 꽃, 필기

여러분이 벼락치기를 시작하기 위해서 필요한 것은 두 가지다. 성공의 80%는 이 준비에 달렸다. 그건 바로 필기와 계획표다. 그중에 필기에 대해서 우선 이야기해 보도록 하겠다.

필기가 중요한 이유

내가 얘기하는 필기는 아래 세 가지다. 함께 살펴보도록 하자.

① 판서(선생님이 칠판에 적어 주시는 필기)

② 수업 설명

③ 기타 PPT나 인쇄물

보통 내신의 기본은 교과서라고 한다. 그러나 그보다 더 중요한 것이 있다. 그것은 바로 내가 위에 말한 '필기'다. 왜냐하면 선생님은 교과서에서 중요한 부분을 여러분들이 이해하기 쉽게 수업 시간에 설명하시거나, 칠판에 적으시거나, 인쇄물로 나눠 주시기 때문이다. 이는 조금만 생각해 보면 당연한 이야기다. 선생님이 생각했을 때 중요하지 않다고 생각하는 것을 왜 입 아프게 수업 시간에 설명하겠으며, 또 안 중요하다고 생각하는 것을 시험에 내겠는가? 따라서 수업 시간에 선생님이 해 주시는 얘기들은 다 중요한 것이다.

여러분의 학교는 시험 문제를 누가 내는가? 혹시 근처에서 가장 유명하고 비싼 학원 선생님이 내는 학교가 있는가? 있다면 나에게 이메일로 제보해 주기 바란다. 어떤 학교이든 실제로 그 과목을 가르치시는 학교 선생님이 시험 문제도 같이 낸다.

학원이 아무리 족집게고, 과외 선생님이 아무리 비싸고 명문대 출신의 좋은 선생님이더라도 시험 문제를 내는 출제자보다 시험에 대해 더 잘 알려줄 수 없다. 그러니까 어떤 학생이 나는 이미 학원을 다니고, 과외를 한다며 수업 시간에 필기를 하지 않으면 시험 공부에 제일 도움이 되는 힌트들을 다 놓치는 것이다. 따라서 오히려 시험에 안 나올 가능성이 더 많은 내용들까지 공부하게 된다. 나는 이것을 '비효율적인 공부'라고 생각한다. 이런 학생 또한 공부 요령이 없는 학생이다. 물론 안 나올 가능성이 많은 내용까지 공부를 해서 전체적으로 성적이 좋게 나올 순 있다.

그러나 벼락치기를 하는 우리들의 목표는 무엇인가? 최소 노력으로 최대의 결과를 내는 것이 아니겠는가? 이런 우리에게 비효율이란, 최대의 적이다. 그러니 공부를 가장 적게 하기 위해 필기를 꼭 하자. 전국 수석들이 "교과서랑 학교 수업에 충실했어요."라고 얘기하는 것은 다 같은 맥락이라 볼 수 있다. 물론 그 학생들은 그 이상의 뭔가가 있기 때문이지만, 아직 우리 이야기는 아니니 신경 끄도록 하고, 더 다루지는 않겠다. 수업 시간의 필기가 중요한 이유를 두 줄로 요약하면 아래와 같다.

① 선생님이 중요하다고 생각하시는 것을 수업 시간에 얘기하신다.
② 선생님은 시험 문제에 대해 가장 힌트를 잘 줄 수 있는 분

이기 때문이다.

필기를 하는 요령

따라서 수업 시간에 여러분은 필기를 잘해 놓아야 한다. 이것이 우리가 벼락치기를 할 때 가장 중요한 재료가 된다. 필기할 때의 요령은 다음과 같다.

여러분이 수업을 들으면서 내용을 이해하는 것도 중요하지만, 그것보다는 시험 공부할 때 쓸 필기를 만든다는 생각으로 하나도 놓치지 않고 다 받아 적으려고 해 보라. 그러면 졸음도 덜 오고 괜히 집중도 더 잘 될 것이다. 어쩌면 수업 시간에 같이 잡담하던 친구들이 왠지 방해꾼처럼 느껴지는 진귀한 경험을 할 수도 있다. 특히 집중하기 어려운 온라인 수업을 하는 경우엔 더욱 도움이 될 것이다.

물론 선생님께서 중요하다고 얘기하시는 것에는 강조 표시를 잘해야 한다. 이렇게 받아 적는 것도 다 흘려듣는 것 같지만 사실 굉장히 좋은 시험 준비가 된다. 무의식적으로 받아쓰면서 공부가 된다고나 할까. 우리는 공부라고 부르는 어떤 것도 하기 싫으니 공부라 생각하지 말고 그냥 나중을 위한 재료 준비라고 생각하고 받아 적어 보자.

비장의 무기: 친구 필기

만약 본인의 필기 준비가 잘 되었다면, 비장의 무기를 하나 더 준비한다. 바로 '친구 필기'다. 여러분이 수업 시간에 아무리 필기를 열심히 하더라도, 놓친 부분이 생길 수밖에 없다. 중간에 급하게 화장실에 갈 수도 있고, 아니면 점심 급식 메뉴 뭔지 찾다가 놓칠 수도 있고, 좋아하는 애가 아침에 인사한 일 때문에 멍하니 있을 수도 있다. 그건 어쩔 수 없는 일이다. 그렇기 때문에 더욱 완벽한 벼락치기 재료를 만들기 위해서는 친구의 필기가 필수다.

친구에게 필기를 빌리려면 일단, 친구가 있어야 하겠다. 1명 정도는 있으리라고 생각한다. 만약 없으면… 되도록 만들었으면 한다. 나는 여러분이 공부는 좀 못하더라도 학교생활을 하면서 좋은 친구들은 많이 만나길 바란다. 행복하게 살기 위해서는 좋은 성적보다는 어쩌면 좋은 친구가 더욱 도움이 많이 될 수도 있다고 생각한다.

어쨌든 필기도 나름 수업을 열심히 듣는 친구 것을 빌리는 게 좋다. 여러분에게 도움이 되려면 말이다. 친구 필기를 빌렸으면, 여러분이 평소에 쓰지 않는 색의 펜으로 친구 필기를 베끼는 것을 추천한다. 예를 들어 여러분이 보통 빨간색으로 필기를 했다면, 친구의 필기는 초록색 펜으로 하는 식으로 말이다.

그렇게 필기를 보충하되, 겹치는 부분이 있으면 그 부분은 줄만 그어 놓고(그럼 그 부분은 줄이 빨간색과 초록색 두 개의 펜으로 표시될 것이다) 본인의 필기에 없는 부분은 받아 적는다. 무슨 말인지 알겠는가? 이렇게 필기를 하면 두 가지의 좋은 점이 있다.

① 여러분이 빠트린 부분을 보충하게 된다.
② 빨간색과 초록색의 펜이 겹치는 부분은 '진짜 중요한 부분'이라고 생각하면 된다.

여러분이 생각해도 중요하고, 친구가 생각해도 중요한 것은 진짜 중요한 것일 가능성이 상당히 높다. 그러면 그건 시험에 나올 가능성 역시 상당히 높다는 뜻이다. 이런 걸 공부해 줘야 하는 것이고, 이것이 바로 중요한 부분을 짚어 내는 요령이다.

혹시 정말 아쉽게도 필기를 빌릴 만한 친구가 없다면 어떻게 해야 할까? 그렇다면 일단은 수업 시간에 여러분은 더더욱 집중해서 필기를 해야 한다. 내가 놓치면 추가로 나중에 보완할 수 있는 대안이 없기 때문이다. 그리고 혹시 선생님이 나누어 주시는 인쇄물 등의 자료가 있다면 바로 그 인쇄물에 필기를 하길 추천한다. 선생님이 이미 중요한 부분들을 정리해 둔 자료이기 때문에, 거기에 필기로 보충을 한다면 효율적이고 완전한 공부 자료가 된다. 혹시나 학교 홈페이지에서 지난해 중간·기말고사 기출문제들을 구할 수 있다면 그것도 좋은 참고 자료가 될 수 있다.

어쨌든 이렇게 여러분의 벼락치기 재료가 완성되었다면, 이미 반은 온 거라 보아도 된다. 그렇다면 그다음은 계획표다. 벼락치기 계획 짜는 법은 바로 다음 챕터에서 다루어 보겠다.

참고로 필기는 다음과 같은 느낌으로 해 보면 좋을 것 같다. 다음 예시는 교과서 예시이긴 하지만 실제로는 교과서 필기는 교과서에, 인쇄물이 있다면 인쇄물에, PPT 슬라이드라면 슬라이드 인쇄물에, 선생님 칠판 필기라면 필기 노트 등에 필기를 하면 된다. 그리고 앞서 얘기했듯이 친구 필기는 다른 색의 펜으로 표시한다.

고대 국가의 성격

군장국가(고조선)
↓
연맹왕국(지방분권)
↓
고대국가(중앙집권)

철기 문화의 보급과 이에 따른 생산력의 증대를
토대로 성장한 여러 소국들은 그중 우세한 집단의
→ 더 큰 지배세력
족장을 왕으로 하는 연맹 왕국을 이루었다. 왕은 자기
집단 내부의 지배력을 강화하는 동시에 다른 집단에
→ 왕권 세습
대한 지배력을 키워 나갔다. 이 과정에서 주변
지역을 활발하게 정복하여 영역을 확대하였고, 정복
과정에서 성장한 경제력과 군사력을 바탕으로 왕권을
더욱 강화할 수 있었다. 왕권이 강화되면서 율령을
- 율령 반포: 불교수용
반포하여 통치 체제를 정비하였고, 집단의 통합을
- 영역 확대: 왕위세습
강화하기 위하여 불교를 받아들여 중앙 집권적인 고대
국가가 형성되었다.

　　이러한 고대 국가로의 발전 과정은 선진 문화의
수용이나 지리적 위치에 따라 차이를 보인다. 우리
역사에서는 고구려, 백제, 신라의 순서로 고대 국가
체제가 정비되고, 가야는 삼국의 각축 속에서 중앙
집권화를 이루지 못한 채 연맹이 해체되어 신라와
가야 → 연맹왕국
백제에 흡수되었다.
상태에서
분열

한국사 교과서 필기 예시

우선순위는 아니더라도
최우선순위는 파악해야 한다

　친구와 내가 각각 수업 시간에 최선을 다해 필기를 한다고 하면, 필기의 양은 상당해진다. 기본적으로 교과서 원문도 있으므로, 필기에 필기를 더한다면 어떤 의미에서는 공부량이 늘어난 것으로 보이기도 한다. 그러나 필기를 베껴 두는 작업이 오히려 공부 시간을 2주로 줄여줄 수 있다고 말할 수 있는 것은, 어떤 것이 중요한지를 더 빠르게 파악할 수 있기 때문이다.

　친구와 나의 필기가 겹치는 부분이 중요한 부분이므로 시험 전에 꼭 봐 두어야 할 부분이며, 그중에서 선생님이 직접 중요하다고 언급하셔서 별표 등으로 표시한 부분은 출제가 유력한 부분이다. 따라서 책을 넣기 전 시험 직전에는 최우선순위라고 할 수 있는 이러한 부분들만을 훑을 수 있도록 준비해 둬야 한다. 높은 확률로 주관식 문제의 답이 될 수 있기 때문이다.

벼락치기 체크리스트

☐ 나의 가장 최근 시험 점수는 몇 점인가? 점수대별 분석에서 내가
   가장 공감되는 부분은 무엇인가?

☐ 선생님의 판서(칠판에 적어 주시는 필기), 수업 설명, 수업 자료(인쇄물
   등)를 빠트리지 않고 모아 두었는가?

☐ 수업 시간에 필기할 때 놓친 부분은 없는가?

☐ 이후 필기 노트를 친구의 필기로 보충했는가?

☐ 본인과 친구의 필기가 겹치는 부분을 한 번 더 확인했는가?

☐ 선생님이 중요하다고 언급한 부분을 따로 살펴봤는가?

3장

벼락치기,
제대로 준비하는
방법

벼락치기
계획 세우기

벼락치기 계획표 만드는 방법

필기를 준비하다 보면 어느새 시험 기간이 점점 다가온다. 시험 2~3주 정도 남았을 시점이 벼락치기 계획표를 만들어야 하는 시점이다. 이 계획표는 철저히 시험 시간표에 맞춰 만들어야 한다. 계획표는 설명하는 것보다는 예를 한 번 보면 딱 감이 올 것이다. 'K 고등학교 시간표 및 달력 예시'를 보자. 이것은 K 고등학교 1학년 1학기 기말고사의 시간표다.

여러분의 시험 일정이라고 생각해 보고 공부 계획을 세워 보자. 실제 일정이 나오면 바로 짤 수 있어야 하니 미

7/1(월)	2(화)	3(수)	4(목)	5(금)	8(월)
윤리	문학	수학	국어생활	영어	지구과학
한문	경제		영어회화	중국어	체육

K 고등학교 1학년 1학기 기말고사 시간표

리 연습해 보는 게 중요하다. 처음에는 생각보다 쉽지 않을 수 있지만, 지금 연습을 한 번이라도 해 보면 실제 여러분의 시험에서 계획을 세울 때 큰 도움이 된다. 몇 번만 더 짜 보면 어느새 반사적으로 계획을 짜고 있는 자신을 발견할 수 있을 것이다. 연습을 위해 시험 기간 2주 전에 해당하는 달력을 아래에 함께 기재해 두었다. 다음으로 넘어가기 전에 지금 바로 아래 달력에 2주간의 시험 공부 계획을 짜 보라. 그 후 다음 페이지의 예시와 비교해 보자.

6/17(월)	18(화)	19(수)	20(목)	21(금)	22(토)	23(일)
24(월)	25(화)	26(수)	27(목)	28(금)	29(토)	30(일)

2주간의 벼락치기 시험 공부 계획표 연습 양식

다 완성하고 나면 내가 예시로 만들어 본 '나의 벼락치기 공부 계획표 예시'를 보고 본인의 계획과 비교해 보자.

6/17(월)	18(화)	19(수)	20(목)	21(금)	22(토)	23(일)
영어	경제	수학	한문	문학	중국어	지구과학
	영어회화		체육		윤리	국어생활
24(월)	25(화)	26(수)	27(목)	28(금)	29(토)	30(일)
영어	윤리	수학	한문	문학	지구과학	윤리
	경제	영어회화	국어생활	체육	중국어	한문

나의 벼락치기 공부 계획표 예시

비교해 보았는가? 물론 여러분이 만든 계획표와 다른 부분이 있을 수 있다. 여기에 있는 예시의 공부 계획표가 유일한 정답은 아니기 때문에 얼마나 비슷한가는 중요하지 않다. 다만 여러분이 혼자 계획을 세웠을 때 어떤 점을 고려해서 계획표를 만들었는지와 이 책에서 제시한 계획표가 어떤 기준에서 만들어진 것인지 비교해 보고 배우는 것이 추후 계획을 세우는 데 도움이 될 것이다. 이제 다음 가이드라인과 함께 계획 세우는 법을 알아보자.

벼락치기는 2주. 더 하지도, 덜 하지도 마라

공부 기간은 2주로 잡는다. 왜 하필 1주도, 3주도 아닌 2주일까? 일단 3주는 아직 시험 일정도 나오지 않을 시점일 가능성이 크고, 공부 계획을 지속하기엔 너무 이르다. 3주 전부터 책상에 앉아 시험 공부를 하려고 해 보라. 평범한 우리로서는 벼락치기를 할 때에야 느낄 수 있는 긴장, 간절함 그리고 극대화된 집중력을 찾기 어렵다. 결국 효율성이 떨어진다. 한편, 1주의 기간은 시험 준비를 위한 '최소한의 공부량'을 채울 수 없는 시간이다. 따라서 2주가 마지노선이 된다. 한 학기 20주 중 4주만 공부에 매진하면 된다니, 학생의 본업이 공부인 것 치고는 너무 짧은 기간이 아닌가!

여전히 시험 공부 기간이 너무 길다는 생각이 든다면, 잠깐 생각해 보자. 이 계획대로 2주간의 벼락치기를 해서 성적을 올릴 수 있다면, 솔직히 가기 싫은 학원이나 하기 싫은 과외에 대해서도 부모님을 설득할 수 있다. 사실 부모님 입장에서 매달 나가는 학원비나 과외비가 적은 돈이 아니다. 월 20만 원만 아껴도, 치킨을 10마리는 시켜 먹을 수 있고 커피는 50잔을 사 먹을 수 있다.

이와 같이 그 돈을 아끼면 학원 때문에 못 누리는 것들

중 많은 것을 누릴 수 있는데, 부모님이든 여러분이든 학원을 안 다니면 점수에 지장이 있을까 봐 못 끊고 있을 뿐이다. 그러니 학원에 기대지 않고도 성적이 오히려 오른다는 사실을 보여 주면 부모님도 학원에 아까운 돈을 들이지 않을 수 있다.

게다가 이렇게 2주 동안 벼락치기를 해 보고 성적이 오르면 부모님께 이야기하여 아낀 학원비의 일부를 용돈으로 받을 수도 있을 것이다. 20주 동안 매일 학원을 가던 시간이 마법같이 단 2주로 줄어들고, 가정 경제와 내 용돈에도 이득이 되는, 진정한 의미의 윈윈(Win-win)을 경험할 수 있는 셈이다. 다시 한 번 이야기하지만 공부를 최대한 적게 하는 법이니, 길다고 생각하지 말고 따라와 주길 바란다.

벼락치기 계획 구성 잡기

2주간의 벼락치기 계획표는 크게 세 부분으로 나눌 수 있다.

① 첫째 주 – 전과목 한 번씩 훑기

② 시험 기간 바로 전날을 뺀 둘째 주 – 또 한 번 전 과목 커버

③ 시험 바로 전날 – 바로 다음날 과목만 커버

일단 아래와 같이 각 기간의 목표가 다르다는 사실을 알아 두어야 한다. 여기서는 간단히 목표만 짚고 뒷장에서 각 기간별 요령을 설명하고자 한다.

① 첫째 주 - 처음이니 교과서 정독하기+친구 필기 빌려서 기본 재료 만들기
② 둘째 주 – 나만의 요약 노트 만들면서 한 번 더 보기
③ 시험 전날 – 다음날 시험 과목 공부하기

과목 분석하기

예전에 시간 관리와 관련된 유명한 유리병 일화를 들은 적이 있다. 한 대학에서 교수님이 학생들에게 유리병을 하나 가져와 보여 주었다. 그리고 유리병에 큰 돌멩이들을 넣기 시작했는데 몇 개 넣자 유리병이 꽉 찼다. 교수님이 학생들에게 물어 보았다. "이 유리병이 다 찼나요?" 그러자 학생들이 그렇다고 대답했다. 그러자 교수님은 옆에 있던 작은 조약돌들을 꺼내 유리병 안의 큰 돌멩이들 사이로 작

은 조약돌들을 넣고 흔들었다. 그랬더니 조약돌이 제법 들어갔다. 다시 학생들에게 "이 유리병이 다 찼나요?"라고 물었더니 이번에는 학생들이 잘 모르겠다고 대답했다. 교수님이 모래 주머니를 꺼내서 한 줌씩 돌멩이 사이사이로 뿌렸더니 많이 들어갔다. 다시 "이 유리병이 다 찼나요?"라고 다시 물으니 학생들이 아니라고 대답했다. 교수님은 "맞습니다. 아직 다 안 찼지요."라고 말하고는 물을 한 주전자 부었고, 그러자 물이 유리병에 가득 들어갔다.

이는 시간이 많이 드는 중요한 일부터 하면 그 사이사이에 작은 일들도 효율적으로 할 수 있다는 교훈을 준다. 시험 과목을 분석해서 벼락치기 계획표를 세우는 것도 이와 비슷하다. 한정된 2주라는 시간에 어떻게 하면 중요도가 다르고 공부량이 다른 여러 과목들을 효과적으로 분배할 수 있을지는 본질적으로 한정된 유리병과 같은 공간에 돌과 모래를 넣는 것과 같다.

다시 돌아와서, 첫째 주, 둘째 주, 시험 전날의 구체적인 계획을 짜려고 하면 그 전에 시험을 보는 과목들의 분류와 재배치가 필요하다. 첫째 주에는 7일 동안 전 과목을 한 번씩은 훑어 보아야 하고, 둘째 주에는 마지막 하루를 뺀 6일 동안에 전과목을 보아야 하는 빡빡한 일정을 지난 후,

마지막 날 하루는 다음날 시험을 준비해야 한다.

그럼 분류는 어떻게 해야 할까? 각각의 과목들을 큰 돌멩이인지 작은 조약돌인지 모래인지를 구분해야만 하는데, 일단 크게 세 가지로 분류할 수 있다.

① 큰 돌멩이: 시간이 제일 많이 걸리는 과목(암기 중간+이해 위주) – 문학, 영어, 수학
② 조약돌: 시간 중간으로 드는 과목(이해 중간+암기 위주) – 경제, 윤리, 지구과학, 국어생활
③ 모래: 시간 적게 드는 과목(암기 위주) – 중국어, 한문, 체육, 영어회화

이건 모든 케이스에 동일하게 적용되는 부분이 아니지만, 일반적으로 문학, 영어, 수학은 이해를 해 두어야 하는 부분이 많고 양도 많은 편인 반면, 경제나 윤리는 그에 비해 양이 적은 편이고, 중국어, 한문은 외우는 부분이 많으니 전날 외우는 것이 효율적이다.

결국 중요한 포인트는, "내가 해야 하는 전체 공부량을 일주일 동안 어떻게 매일 균등하게 분배할 것인가?"라는 질문이다. 주어진 7일의 시간 동안 매일의 공부량이 비슷해야 지치지 않고, 밀리는 일 없이 페이스를 유지할 수

있다. 따라서 각 과목을 기계적으로 1회씩 넣기보다는 각자의 가용 시간과 필요 공부량(범위, 난이도)을 함께 고려해서 스스로 계획을 세우기를 권한다.

그럼 나의 벼락치기 공부 계획표 예시가 위의 기준대로 만들어졌는지 다시 한번 보도록 하자.

6/17(월)	18(화)	19(수)	20(목)	21(금)	22(토)	23(일)
영어	경제	수학	한문	문학	중국어	지구과학
	영어회화		체육		윤리	국어생활
24(월)	25(화)	26(수)	27(목)	28(금)	29(토)	30(일)
영어	윤리	수학	한문	문학	지구과학	윤리
	경제	영어회화	국어생활	체육	중국어	한문

나의 벼락치기 공부 계획표 예시

첫째 주 계획에는 아래와 같은 사항이 고려되었다.

▶ 위에서 큰 돌멩이 과목이라고 불렀던 주요 과목들(영어 수학 문학)은 난이도가 높고 양이 많으므로 시간을 하루씩 줬다.
▶ 한문은 외울 양이 많은 편이므로, 상대적으로 양이 적은

체육과 함께 넣어 총량을 맞춘다.

▸ 가령 금요일이 알고 보니 엄마 생신이라면 생신 파티를 위해 공부할 시간이 부족할 수 있으므로, 이런 경우 문학과 수학을 바꾼다. 같은 ③이라도 수학에 시간이 더 많이 들 것으로 보이기 때문이다.

둘째 주에는 아래와 같은 사항이 고려되었다.

▸ 7월 1일부터 시험 시작이고, 윤리/한문 과목이므로, 전날인 30일은 다른 생각 할 것 없이 윤리/한문.

▸ 시험 바로 전날이 빠지므로 6일만 쓸 수 있으니 수학과 문학 같이 한 과목만 공부했던 날에 영어회화/체육 추가.

▸ 예를 들어 6월 17일에 영어를 많이 못해서 50%밖에 못했다고 하면, 24일 하루 공부 시간 동안 영어에 집중해야 한다. 필요 공부량에 따라 시간을 더 주게 되는 셈이다. 이런식으로 필요 공부량과 스스로의 진도에 맞추어 유연한 조정이 필요하다.

이제 계획표는 대략 완성이 되었다. 다음 장에서부터는 어떻게 공부를 해야 하는지, 그 요령에 대해서 알아보도록 하겠다.

첫째 주 - 한 번 쭉 읽기

시험까지 D-14, 벼락치기 공부 계획을 세웠다면 드디어 벼락치기 시작이다. 이전 장에서 본 것처럼, 이번 주에는 전 과목을 한 번씩은 보아야 한다. 매일의 공부량이 비슷하도록 여러분이 계획을 잘 세웠으리라 생각한다.

이제부터는 실제 여러분이 벼락치기 시험 공부를 하는 법에 대한 내용이다. 공부법을 읽다가 실제로 하기도 전에 지치지 않도록 너무 세세하게 이야기하기보단 포인트만 짚어 주면서 설명해 보겠다. 여러분이 어떤 정도로 어떻게 공부하면 되겠다는 감만 잡을 수 있다면 이번 장에서 얻을 수 있는 건 다 얻어간다고 보면 된다. 첫째 주에 해야 할 일은 다음의 두 가지로 요약할 수 있다.

① 친구 필기 베끼기
② 교과서 한 번 읽기

하지만 이 두 가지를 하기 전에 선행되어야 하는 일이 있다. 어떤 일을 먼저 해야 하는지 함께 알아보자.

시작 전 선행되어야 하는 일

❶ 시험 범위 확인

시험 범위는 정확히 제대로 확인해야 한다. 마지막에 진도를 못 나가서 바꾸거나 혹은 막판에 급히 진도를 나가서 뒷 단원까지 시험 범위인 경우도 많으니, 꼭 정확하게 인지하고 있어야 한다. 사실 시험 범위는 해당 과목의 공부량을 결정하는 중요 변수이니 계획을 세우는 단계에서 이미 알고 있어야 한다. 대략 2~3주 전쯤이면 범위가 나오니 이를 토대로 공부 계획을 세워 두고, 혹시 모를 불상사를 대비해 따로 종이 한장에 과목별 시험 범위를 정리해 두는 것을 추천한다. 처음 정리하는 여러분을 위해 부록의 벼락치기 다이어리에 '1. 시험정보표' 탬플릿을 준비했으니 그 양식에 맞춰 정리하면 한눈에 보기 쉽게 정리될 것이다.

❷ 공부 시간 확보

실제로 모든 과목을 1주 만에 훑어보려면 시간이 생각보다 많지 않을 것이다. 고등학생의 경우, 하교 후 저녁을 먹으면 이미 6~7시가 된다. 나는 보통 저녁 7시부터 책상에 앉아서 하루에 3~4시간 정도의 공부 시간을 확보했었다. 적어도 이 정도의 공부 시간은 반드시 매일 확보해야 한다.

혹시 학원에 다니는 친구라면, 시험 2주 전부터는 학원에 가지 않거나, 최소한 1주 전부터는 자습에 전념하는 것을 추천한다. 내가 알려 주는 벼락치기 공부를 포함한 '자기주도학습'에는 자기 혼자 주도해서 혼자 필요한 공부를 하는 '자습 시간'이 필수다.

다만 대부분의 학원에서는(특히 수학이나 영어 같은 단과 학원) 자기네 과목의 성적이 오르는 게 가장 중요하다. 그렇기에 개개인의 전체적인 시험 계획과 공부 진행 상황은 고려하지 않은 채 자기네 과목에 너무 많은 시간을 쏟게 하는 경향이 있다. 그걸 다 따라가려고 하면 정작 내 계획대로 공부할 시간이 매우 부족해진다. 그래서 이 2주 동안의 시간에는 학원에 가지 말고 내 벼락치기를 위한 시간을 확보하라고 하는 것이다.

학원에 다니는 친구들은 가능한 학교 쉬는 시간 등의

자투리 시간에도 친구의 교과서 필기를 빌려 베껴놓는 작업을 마무리해 두어야 한다. 그래야 저녁 시간에 교과서를 보는 시간을 확보할 수 있다.

공부 자료 만들기

첫째 주 중에 앞서 이야기했던 '필기 준비'를 해 놓아야 한다. 당연히 수업 시간 중에 해 놓았던 내 필기는 이미 준비되어 있어야 하고, 그에 더해 친구 필기를 늦어도 첫째 주까지는 베껴야 한다.

여기서 중요한 점은 첫째 주에 해야 한다고 한 '친구 필기 베껴놓기', '교과서 한 번 읽기' 중에 필기 베끼기를 먼저 해야 한다는 점이다. 그래야 전체적인 내용을 쭉 살펴볼 때, 중요한 부분과 세세한 부분을 놓치지 않고 볼 수 있다. 예를 들어 오늘 계획이 문학 공부라면, 각 잡고 공부하기로 정해 둔 시간(오후 7시) 전까지는 이미 친구의 필기를 베껴 놓아야 한다.

친구한테 필기를 빌려서 베끼는 타이밍도 중요하다. 진도가 어느 정도 나갔을 때 빌려야 빠지는 부분이 없다. 다만 그렇다고 너무 늦게 빌리려 하면 친구도 그 과목을 공부해야 할 수도 있다. 그래서 보통은 시험 3주 전에서 2주 전 정도를 타깃으로 친구와 조율을 잘해야 한다. 그리고 '학교에서' 필기를 빌려서 베끼는 게 친구 입장에서도 빌려주는 부담이 적으므로 쉬는 시간이나 선생님이 주시는 자습 시간 등을 활용하여 최대한 학교에 있을 때 베끼는 것이 좋다. 시험 2주 전부터는 이렇게 버리는 시간 없이 공부와 자료 준비를 해야 한다.

필기를 옮길 때는 공부한다고 암기하듯이 하기보다 공부를 위한 재료를 만들어 둔다는 생각으로 마음 편하게 노래 들으면서 해 두면 된다. 벌써 공부한다고 생각하면 힘만 빠지고 시간도 오래 걸리니까, 힘주지 않고 가볍게 해 둔다. 다만 이런 과정을 통해 이미 내 눈과 손은 시험 범위를 한 번 보았기 때문에 공부에 도움이 된다.

한 번 쭉 읽을 때의 요령

필기가 준비되었다면, 오늘 공부해야 하는 과목에서 수업 시간에 다루었던 교과서든, 수업 필기든, 인쇄물이든 관계없이 이미 만들어 놓은 걸 한 번 쭉 읽으면 된다. 이게 전부다. 다만 요령 없는 여러분을 위해서 몇 가지 포인트를 짚어 주겠다.

❶ 암기 NO, 이해 YES!

처음 읽을 때는 외우려고 노력할 필요가 없다. 그것보다는 쭉 읽는다고 생각하고, 세세한 부분까지 이번에 처음이자 마지막으로 한 번 본다고 생각해 보자. 어차피 지금 외워도 까먹는 데다가, 훑어보는 게 도움이 되기도 한다. 예를 들면 교과서의 옆에 조그맣게 적혀 있는 인물 설명이나 그림 같은 부분도 눈에 익혀 둔다.

시험 난이도가 높아지면 그런 구석에 적힌 그림이나 설명에서도 문제가 나오곤 한다. 만약 교과서의 구석에 있던 그림이 객관식 문제에 나왔다고 하자. 그 전에 한 번 쭉 훑어봤다면, 정확히는 모르고 답을 찍을 때도 무의식의 깊은 곳에서 그림에 대한 힌트가 나올 수 있다. 머릿속에 이런 사소한 힌트가 있는 것만으로도 객관식 보기 5개 중 2~3개를 지울 수 있어서, 찍어서 맞힐 확률이 20%에서 50%까지도 높아질 수 있다. 그런 정도의 도움이 될 수 있겠다는 기대를 하면서 쭉 읽어 보면 될 것이다.

❷ 전체 흐름을 보라

읽기 전에 한 번 교과서 앞에 있는 목차를 보자. 적어도 범위와 구성이 눈에 들어올 것이다. 머리에 이런 큰 그림을 가지는 게 중요한데, 이 부분은 둘째 주의 공부법을 볼 때 더 자세히 설명하도록 하겠다.

❸ 이해보다는 한 번 읽는 데 초점 두기

외우지 말고 이해하라고 했는데, 또 막상 이해하려고 욕심을 내면 시간이 너무 오래 걸린다. 이번 주의 가장 중요한 포인트는 '한 번 읽는다'라는 것이다. 시간이 너무 오래 걸릴 것 같으면 훑어본다는 생각만 가지고 일단 장을 넘겨 가면서 한 번 보자. 어쨌든 다 보면 마음이 뿌듯하고 편해질 것이다. 왠지 할 수 있을 것 같다는 자신감도 덤으로 얻을 수 있다.

❹ 데일리 스터디 플래너를 사용하라

필기 준비와 한 번 읽는 것은 쉬워 보이지만, 가용 시간이 한정적이기에 시간 관리를 잘 해야만 그날의 해야 할 양을 끝낼 수 있다. 따라서 매일의 시간 관리를 조금이라도 더 잘 할 수 있도록 부록에 '4. 데일리 스터디 플래너' 탬플릿을 수록했다. 이것을 활용하면 그날에 해야 할 목표를 가용시간 안에 최대한 잘 분배하고 한눈에 진행사항을 파악할 수 있다. 이는 모든 To Do List를 빠트리지 않고 하는 데에 도움이 될 것이다. 다만 플래너를 준비하는 그 자체에 많은 시간을 쏟지 않도록 주의해야 한다.

❺ 물론 다 못 볼 수도 있다

근데 결국 진도를 다 못 나갈 수도 있다. 반밖에 보지 못했다거나, 뒤에 큰 대단원이 남았다던가 하는 경우다. 그럴 때는 과감히 둘째 주로 넘겨야 한다. 뒤에 공부할 양이 많아지겠지만 어쩔 수 없다. 나도 돌아보면 첫째 주에 한번 다 읽지 못했던 적이 많았다. 왜냐하면 2주도 아직 이른 느낌이(?) 있었기 때문이다. 우리에겐 눈앞에 닥친 시험에 대한 절박함에서 나오는 집중력이 필요한데, 아직 그게 없어서 그런 거라고 보면 된다. 그래도 둘째 주에 조금 편하게 공부하기 위해 첫째 주에 조금만 더 노력해 보자.

둘째 주 - 자신만의
요약 노트 만들기

둘째 주가 정말 중요하다. 왜냐하면 둘째 주가 많은 공부의 요령이 필요한 주간이기 때문이다. 이번 주의 핵심은, 시간을 적당하게 들여서 각 과목의 요약 노트를 만드는 것이다. 첫째 주의 진도에 따라 분량 부담이 더더욱 커질 수 있지만, 그렇다고 어려운 일은 아니니 느낌을 잡아 보자. 결국 감이다. 내가 지금 하고 있는 게 맞다는 느낌. 본론으로 들어가기 전에, 지금까지 했던 것들을 한 번 되짚으면 다음과 같다.

① 수업 시간에 내 필기를 만들어 놓는다(인쇄물이든, 교과서든, 아니면 노트필기든).

② 공부 쫌 하는 친구 필기를 과목별로 베껴 놓는다. – 자료 완성!

③ 2주 치 시험 계획표를 공부량에 맞춰 세운다.

④ 첫째 주에 전 과목을 한 번씩 훑어본다(세세한 부분도 쭈욱).

생각보다 간단하지 않은가? 그럼 둘째 주 공부를 시작해 보자.

둘째 주 시험 계획 재분배

여러분이 둘째 주에 들어가기 전에 해야 할 일은, 첫째 주의 과목별 진도를 고려해서 남은 공부량을 다시 배분하는 일이다. 그러려면 지난 주에 얼만큼 했는지를 알아야 하니, 아래의 주관적인 평가를 적용하여 0~100%로 환산해 보자. 보통 첫째 주가 지나면 과목별로 3~40%가 되기 마련이다. 기준점은 아래와 같다.

▶ 더 이상 공부할 게 없어서 지금 바로 시험 보면 100점 맞을 느낌이다. – 100%

▶ 시험 범위도 모르고 아무것도 아는 게 없다. – 0%

만약 주관적인 평가를 하기 막막하다면 부록 '벼락치기 다이어리'에 수록된 '3. 공부 진도 확인표'에 과목 당 진행 상황을 평가해 보자. 각 과목의 현재 진도를 파악하는 데 도움이 될 것이다. 이를 참고하여 주관적인 과목별 진행 상황 평가를 하면 조금 더 정확한 평가가 가능할 것이다. 그럼 과목별로 예를 들어보자.

▶ 영어- 한 번 다 못 읽었고, 아직 잘 모르는 부분이 많다. – 35%
▶ 문학- 한 번 다 읽었고, 이번에 내가 좋아하는 고전소설이라 이해가 잘 되었다. – 60%
▶ 체육- 한 번 다 읽었고, 친구가 필기를 엄청 세세하게 잘 해 둔 것을 옮겨 두었다. – 50%
▶ 수학- 반도 못 봤다. – 25%

내 현재 공부 진행 상황이 위와 같다면 이미 벼락치기 계획표 상에서 둘째 주의 공부 계획을 세워 놓았더라도 이에 맞춰서 시간 분배를 다시 해야 한다. 예를 들면 달성도가 낮은 수학은 주말 하루를 할애해서 공부를 하고, 영어는 시간이 많이 필요하니 완성도가 높은 체육과 같은 날에 배분한다. 이런 식으로 둘째 주의 공부 일정을 조율한다.

요약 노트를 만들자

계획을 제대로 조정하고 난 이후에는, 매일 하나하나씩 과목들을 정복하면 된다. 이번 주의 목표는 단순하다. 시험 전날, 이것만 봐도 될 정도의 요약 노트를 만드는 것이다. 왜 이 중요한 둘째 주, 시험 전주에 여러 가지 학습 방법을 두고 굳이 요약 노트를 만드는 방식으로 공부를 해야 할까? 크게 두 가지 이유가 있다.

첫째, 요약 노트를 만드는 것 자체가 좋은 공부 방법이다. 요약 노트를 만드는 과정이 시험 범위 전체가 어떤 내용인지 이해하고 목차를 만들며 구조화해서 여러 내용 중 중요한 부분들을 추려서 내가 이해한 방식으로 요약해서 적는 과정이다. 이걸 만드는 것 자체가 내 머릿속에 시험 범위의 내용을 집어넣고 정리하는 것이고 이게 굉장히 중요하고 효과적인 공부 방법이다.

둘째, 시험 전날에 가장 효율적으로 시험 범위를 반복 학습할 수 있는 방법이 바로 요약 노트를 반복해서 보는 것이다. 시험 전날에는 전교 1등도 시간이 부족하다. 이렇게 시간이 부족할 때는 중요한 부분만 집중해서 보고, 필요한 것만 암기해야 한다. 그런데 이때 수업 시간에 다루었던 교과서 등 모든 자료를 펴놓고 공부한다면 집중이 분산되어 효율적이지 않다. 여러 일타 강사들이나 학원 선생님들이 요약 노트를 만들어 배포하고 파는 것이 바로 그런 이유다.

학원 선생님 등 다른 사람이 요약해 놓은 요약 노트로 공부를 하는 것도 좋지만, 내가 직접 만든 요약 노트로 공부하는 것이 더 효과적이다. 그 이유는 내가 만들었기 때문에 요약이 된 내용을 보면 그 노트를 만들 때 내가 참고했던 필기나 인쇄물 등의 기초 자료 내용이 같이 생각이 나면서 더 넓고 풍부하게 학습이 되기 때문이다.

그러면 백문이 불여일견이라고, 다음 페이지에 좋은 요약 노트의 예시를 준비했으니 함께 보자. 참고로 요약 노트의 예시는 한국사 과목을 토대로 작성되었다.

요약 노트를 만들 때, 공책은 어떤 것을 써도 상관없다. 나는 보통 A4 용지에 요약 노트를 만들었다. 우선 과목의 구조를 잡고, 큰 틀을 잡아 세세한 걸 채운다고 생각하면 된다. 이해를 돕기 위해 항목별로 예시를 들어 보자.

I. 한국사의 바른이해

　[1] 역사의 학습 목적

　　(1) 역사의 의미

E. H. Carr
"역사란 과거와 현재의
끊임없는 대화"

　　　1) 사실: 객관적, 사료
　　　　　　　　　ex) 연표, 유물
　　　　→ 실증주의 (랑케) "역사는 사실 그대로 보여줘야"

　　　2) 기록: 주관적, 역사가의 사관 ex) 삼국사기, 일기

　　　　→ 현재주의 (크로체) "역사는 현재의 관점에서 해석"

　　(2) 역사 학습의 목적

　　　과거 사실 이해하고 교훈 얻기 → 현재의 문제 이해 및 판단

　　　→ 미래를 예측하고 대비

　[2] 한국사와 세계사

ex) 서양 정치체제 발전 양상 vs. 우리나라
다름(군주제에서 바로 민주주의)

　　(1) 한국사의 보편성과 특수성

　　　= 세계사의 보편성 + 민족사의 특수성

우리나라

마르크스
"역사 발전 5단계설"
1. 원시공동사회: 구석기/신석기
2. 고대 노예사회: 청동기
3. 중세봉건사회: 지주-봉건
4. 근대자본주의사회
5. 공산사회

1. 선사시대: 구/신석기 청동기 철기
2. 고대: 고조선 삼국 통일 신라
3. 중세: 고려-조선 초기
4. 근세: 조선
5. 근대: 19세기 개화기 및 일제강점기
6. 현대: 20세기 이후

요약 노트 필기 예시 - 전체

❶ 교과서 목차를 따라서 써라

앞선 요약 노트 필기를 보면 알겠지만, 해당 단원의 목표는 "I. 한국사의 바른 이해"라고 할 수 있다. 교과서를 이해하려면 소단원 차례대로 대략 아래 내용을 학습해야 한다는 사실을 알 수 있다.

⑴ 역사의 의미
⑵ 역사 학습의 목적
⑶ 한국사의 보편성과 특수성

그러니 나는 보통 A4 용지 한 장에 한 단원을 먼저 적는다. 예를 들어 시험 범위가 총 3단원이라면 3장을 준비한다. 그다음, 제목 아래에 중단원과 소단원을 쓰면서 요약 노트를 만든다. 아래 예시를 참고해 보자.

[1] 고조선 → 단원
　1. 고조선의 시작 → 중단원
　　(1) 단군의 탄생 → 소단원
　　　○ 곰과 호랑이
　　　○ 곰: 반달곰인가
　　　○ 호랑이: 담배를 피웠다. 호랑이의 의미

이렇게 써 두면 각 단원의 학습 목표와 주요 키워드가 한눈에 들어오기 때문에, 전날 공부했을 때 구조적으로 이해하고 순서대로 암기하기에도 용이하다. 내가 점수가 오르기 시작했던 것도, 중학교 때 이렇게 계단식으로 구조를 그리기 시작하면서부터였다.

❷ 시험 전날, 이것만 봐도 될 정도로 만든다

목차를 기준으로, 하위 주제 부분에는 필기나 선생님이 말씀하신 중요한 부분 위주로 다 써 본다. 큰 구조물 사이사이를 세세하게 채운다고 생각하면 된다. 이번에도 예를 들어 보자.

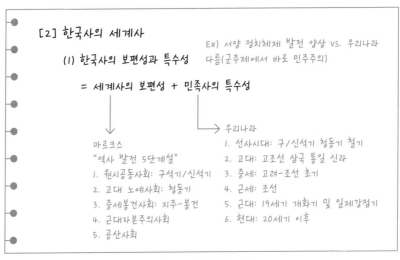

[2] 한국사의 세계사

  (1) 한국사의 보편성과 특수성

    Ex) 서양 정치체제 발전 양상 vs. 우리나라 다름(군주제에서 바로 민주주의)

    = 세계사의 보편성 + 민족사의 특수성

마르크스
"역사 발전 5단계설"
1. 원시공동사회: 구석기/신석기
2. 고대 노예사회: 청동기
3. 중세봉건사회: 지주-봉건
4. 근대자본주의사회
5. 공산사회

우리나라
1. 선사시대: 구/신석기 청동기 철기
2. 고대: 고조선 삼국 통일 신라
3. 중세: 고려-조선 초기
4. 근세: 조선
5. 근대: 19세기 개화기 및 일제강점기
6. 현대: 20세기 이후

요약 노트 필기 예시 - 세부

여기서 한국사를 바르게 이해하려면 '세계사 보편성+민족사 특수성'을
알아야 한다.

↓

세계사 보편성에 대해 마르크스가 만든 설이 있는데, 5단계인 것을
보니 왠지 '다음 중 틀린 것을 고르시오'와 같은 문제로 나올 거 같은
느낌이 든다(이렇게 쓰면서 이해하는 게 빠르다. '원시 공동 사회'는
구석기/신석기 시대를 대표하고 있다').

↓

'민족사의 특수성'이 뭔지 선생님이 설명한 필기를 적어 두자.
'서양 정치체제의 발전 양상이 우리나라의 발전 양상'과 다른 것처럼
우리 민족만의 특수한 것이 있다는 내용이다.

이런 식으로 손으로 쓰면서 이해를 하며 내용을 구조
화해 둔다. 이때는 다 외운다는 것보다는 이해하는 것, 즉
머릿속에 '구조'를 만드는 걸 목표로 하는 것이 좋다. 암기
는 그 과정에서 자연스럽게 들어오는 것이다. 본격적으로
는 시험 전날 완성할 것이므로 암기하는 데 힘과 시간을 들
이지 않는다.

❸ 사용 가능한 시간에 맞춰서 끝낸다
요약 노트를 만들다 보면 또 욕심이 생기는 경우가 많

다. 혹은 어느 정도까지 세세하게 써야 하는지 고민이 생기기도 한다. 너무 세세하게 하면 시간이 너무 오래 걸리고, 중요한 것만 추려내면 세세한 것을 놓치게 되기 때문에 균형을 맞추는 것이 어려울 것이다. 그럴 때는 현재 가용 시간을 기준으로 페이스를 조절한다. 다시 예를 들어보자.

▸ 가용 시간: 4시간
▸ 오늘 할 과목: 국사(3단원, 70페이지), 체육(4단원, 40페이지)
▸ 국사: 2시간 반 = 150분 / 3단원 = 단원당 최대 약 50분 할애
▸ 체육: 1시간 반 = 90분 / 4단원 = 단원당 최대 약 20분 할애

결론적으로는 있는 시간에 맞춰서 어느 정도 세세하게 공부할지를 정하게 되는 셈이다. 잊지 말아야 할 점은 요약 노트를 '완성'해 두는 게 가장 중요하다는 것이다. 못 끝내면 안한 것만 못하다는 기분이 들게 되는 데다 성취감도 느끼지 못한다. 앞 단원에 너무 신경 쓰다가 용두사미가 되지 않도록 주의한다. 조금 덜 세세하게 하더라도 하루에 목표한 과목은 꼭 끝내도록 해야 한다. 혹시 좀 부족하다고 생각이 들어도 바로 전날 공부하면서 요약 노트의 내용을 보

충할 수 있기 때문에 너무 걱정하지 않아도 괜찮다.

❹ 요약 노트를 안 만드는 게 나은 과목이 있을까?

이렇게 함께 요약 노트를 만들어 보았다. 이런 공부 방식은 머리에 구조를 만들면서 이해하고, 쓰면서 암기가 되기 때문에 대부분의 과목에 있어서 가장 효과적으로 공부하는 방법이라고 할 수 있다. '대부분'이라고 하면 자연스레 이런 생각을 하게 된다. '요약 노트를 안 만드는 게 더 나은 과목도 있을까?'

그렇다. 아래와 같은 몇 가지 경우에는 요약 노트를 안 만드는 게 더 좋을 수 있다.

첫째, 구조가 딱히 필요하지 않은 과목들이다. 한문, 중국어 같은 암기 과목처럼 구조가 필요한 게 아닌 그냥 외우는 경우에는 노트를 만들지 않고 외운다. 또한 문학처럼 지문이 긴 과목은 지문 위에 바로 필기하는 게 전날에 보기도 더 좋고 효율적이다.

둘째, 선생님 나눠 주신 인쇄물이 잘 구성되어 있고, 시간이 부족한 경우다.

셋째, 이에 덧붙여 아무리 계산해 봐도 요약 노트를 만들 시간이 안 나오는 경우라면, 가지고 있는 필기로 공부하는 게 나을 수 있다. 부실한 요약 노트는 오히려 쓸모가 없을 수 있기 때문이다. 판단은 각자의 몫으로 맡겨 둔다.

넷째, 수학. 모두가 알겠지만 수학은 요약 노트를 만드는 데 시간을 쓰는 것보다 그 시간에 문제를 푸는 게 더 낫다. 수학을 학습하는 법은 크게 보면 수학 개념을 우선 이해해야 하고, 그 후에 제대로 이해했는지를 여러 관련된 문제를 풀면서 확인하며 여러 유형의 문제를 풀 수 있도록 연습해야 한다.

이 과정에서 개념을 이해하기 위해 제한적으로 요약 노트를 만들 순 있지만, 그보다 더 중요한 것은 문제를 풀어 보면서 틀렸던 문제를 반복적으로 풀어서 제대로 풀 수 있도록 학습하는 것이다. 따라서 수학에 있어서는 요약 노트는 우선적인 학습법이 아니라 부수적인 학습법이라고 볼 수 있다.

결론적으로 상황과 과목에 맞게 판단해서 결정하면 되지만, 과목 대부분의 기본은 요약 노트다. 한 번 해 보고 나면 감이 생길 것이라고 생각한다.

놓치면 안 되는 한 가지가 또 있다. 시험주간이 가까이 오면, 종종 선생님이 진도는 더 안 나가고 시험에 대한 총정리 또는 질문 답변을 진행하는 경우가 있다. 그때는 화장실도 가지 말고 한 글자도 놓치지 말고 받아 적어야 한다. 이때 시험 문제가 쏟아져 나오는 경우가 많기 때문이다. 선생님이 중요하다고 하는 부분은 체크해 두었다가 완벽하게 정복해야 한다. 이렇게 둘째 주를 다 보내면, 드디어 시험 전날이다.

요약 노트 자체에
집착하지 마라

세상에 남편이 존재하는지도 몰랐던 중학생 때부터 나는 중간·기말고사를 위해 요약 노트를 만들었다. 글씨를 정갈하게 잘 쓰고, 정리하는 걸 워낙 좋아하는 학생이었기 때문에, 때로는 요약 노트를 만드는 과정이 마치 다이어리 꾸미는 것처럼 재밌게 느껴지기도 했었다. 그러나 어느 순간 예쁘게 정리하는 것 자체가 목적이 되어 버렸다. 내용이 틀리지 않았는데도 글씨체가 맘에 들지 않으면 그걸 수정하는 데 시간을 쓰는 등 문제점이 생기기 시작했다.

이에 따라 과목별로 시험 범위를 완성하지 못하는 사태가 반복되면서, 조금씩 방식을 바꾸었다. 고등학교 때는 국사, 세계사 등 따로 정리하는 것이 더 편한 몇 가지 과목을 제외하고는 선생님의 인쇄물 등에 단권화하는 방식으로 바꾸었다. 최근에는 손으로 쓰는 것보다 키보드로 타이핑하는 것이 더 빠르고, 인쇄물 수정도 쉬워서 이런 방식으로 요약 노트를 만들기 시작했다.

　핵심은 요약하는 과정을 통해 공부를 하는 것, 그리고 시험 전날부터 직전까지 손에 들고 눈에 익혀 둘 재료를 만들어 두는 것이다. 그러니 그게 손글씨든 타자든, 혹은 마인드맵이나 로직트리든 무방하다. 다만 개인마다, 또 과목마다 적합한 방식이 다를 수 있으므로 여러 가지를 시도해 보면, 나중에는(방식을 고민할 필요 없이) 손에도 익고 가장 효율적인 방법으로 요약 노트를 만들 수 있을 것이다.

　　　　　3장 ⚡ 벼락치기, 제대로 준비하는 방법

벼락치기 체크리스트

□ 시험 범위는 정확하게 확인했는가?

□ 본문의 예시대로 벼락치기 계획표(2주 완성)를 직접 짜 보았는가?

□ D-14, 공부를 시작하기 전, 자료(필기, 인쇄물)는 전부 준비했는가?

□ D-7, 본인의 공부량을 파악하여 시험 계획을 재분배했는가?

□ 시험 직전에 확인할 자신만의 요약 노트를 만들었는가?

4장

시험 D-Day,
당일의 마음가짐

시험 전날 - 반복, 또 반복!

지난 2주간 열심히 벼락치기 계획대로 따라오느라 고생 많았다. 드디어 내일이 시험이다. 만일 여러분이 지금까지의 챕터에서 이야기했던 대로 수업 시간에 필기를 잘하고, 친구 필기를 잘 베끼고, 과목들을 한번 SSG(쓱) 보면서 요약 노트를 만들어 보았다면, 아마 예전에 시험 전날 느끼던 기분에 비해 훨씬 든든할 것이라 확신한다. 불안감도 훨씬 덜할 것이다.

1주 차에 했던 것처럼 과목별 평가를 해 보면 한 40~50% 정도만 되어 있어도 굉장히 잘한 것이다. 다시 얘기하지만, 시험 전날까지는 모든 걸 다 섭렵한다는 생각으로 하기보다는 시험 전날 공부할 자료를 만들어 놓는다는 마음가짐으로 부담 없이 하는 걸 추천한다. 공부라고 생각하면 스트레스를 받게 되므로 시험 일정과 생활에 지장을 주기 때문이다.

하지만 오늘은 다르다. 오늘은 공부하고 암기하는 날이다. 시험 전날이니까! 그래도 나는 학창 시절, 오히려 시험 전날이 좋긴 했다. 다른 거 신경 안 쓰고 내일 보는 한두 개의 과목에 집중하면 되니 말이다. 그러니 이제 우리 모든 힘을 끌어 모아 내일 보는 과목에 집중해 보자.

시험 전날의 공부 순서

시험 전날에는 '어떤 것부터 할까'가 중요한데, 결론부터 말하자면 '부담되는 과목'부터 먼저 공부해야 한다. 부담되는 과목이란 무엇일까? 예시를 들어 보자.

- ▶ 범위가 많거나
- ▶ 어렵거나
- ▶ 아직 공부가 덜 되었거나
- ▶ 국·영·수 등 주요 과목이거나

예를 들면, 시험 일정상 수학과 체육을 내일 본다면 수학을 먼저 공부한다. 공부할수록 에너지가 소모되기에, 체력과 정신력이 상대적으로 충분할 때 부담되는 과목을 먼저 처리한다고 생각하면 된다. 아픈 매를 먼저 맞는다고나 할까. 시험 전날의 목표는 최소 각 과목을 한 번씩 보는 데 있다.

만약 모든 과목을 다 봤는데도 시간이 남는다면 두 번 혹은 세 번 볼 수도 있겠지만, 대부분의 경우에는 한 번 보기에도 빠듯하리라 생각한다. 그래도 최소 한 번은 다 '보고' 자는 걸 목표로 해 보자. 이 '본다'라는 것은 다음 파트에서 더 설명하도록 하겠다. 어쨌든 제일 중요한 건, 포기하지 않는 마음이다. 학생들 중에 가끔 이렇게 말하는 경우를 본다.

"내일 화학이랑 한문 시험인데, 화학이 중요한 과목이니, 전략적으로 한문은 포기한다!"

꼭 이런 친구들이 수능 공부 시작도 하기 전부터 "수능 수학은 버리고 간다."라고 하는데, 제발 그러지 말자. 이는 다음의 두 가지 사실 때문이다.

❶ 점수 효율성의 법칙

90점에서 100점 만드는 것보다, 30점에서 60점 만드는 게 더 쉽다. 종전의 예를 들어서 보면, 오늘 화학을 한 번 보고 70점 받을 정도로 공부했다고 하자. 한문은 30점을 받을 실력인데 포기하고, 남은 2시간은 화학을 잘 보기 위해 한 번 더 보기로 했다. 화학에 2시간을 투자해서 70점에서 85점까지 올렸다(15점 상승). 근데 이 2시간을 한문에 투자했으면 30점이 60~70점이 될 수 있었다(30~40점 상승). 그러므로 시간을 두 과목에 분산 투자하는 게 점수 상승에는 유리하다.

❷ 대입전형에서 점점 중요해지는 내신 성적

2024년 대입전형 기준으로 전체 선발 인원 34만 4,296명 중 67.9%, 수시 모집 27만 2,032명 중에서는 86.0%가 내신 성적을 보고 학생을 뽑았다.[⚡] 특히 서울대에 이어 고려대도 정시에 내신 성적을 반영하기로 하는 등 정시에서도 내신을 반영하는 대학도 늘어나는 경향을 보이고 있다.

⚡ 배병수, 다가온 고교 '중간고사 시즌'..."올해 대입 68%가 내신 반영", NEWSIS, 2023.04.04, https://newsis.com/view/?id=NISX20230404_0002253085&cID =10201&pID=10200

물론 대학마다 주요 과목 위주로 본다거나 가산점 비중 등의 차이가 있을 순 있다. 다만 현시점에서 본인이 고등학교 3학년이 됐을 때 어떤 과목을 어느 정도 비율로 반영하는 대학과 학과에 지원할지는 모른다. 따라서 대입 시 본인의 선택의 폭을 가장 넓게 가져가기 위해서 일단 포기하지 말고 전체적으로 다 잡고 가는 게 현명하다.

많은 고등학교 3학년 학생들이 수능 끝난 후의 분위기에 취해서 2학기 기말고사는 대충하고 넘어가는 경우가 있다. 나는 그러지 말고 끝까지 최선을 다해서 보길 권장한다. 만에 하나 재수를 하게 되면 그것까지 점수에 반영되기 때문에, 혹시 모르는 불상사를 대비하려는 것이다.

벼락치기 암기: 중요한 부분 파악하기

이제 정말 공부를 해 보자. 일단 지난주에 만든 요약 노트를 편다. 이제 잘 보는 게 중요하다. 잘 '본다'는 건 시험 문제가 나왔을 때 기억해 내서 맞힐 수 있도록 하는 걸 말한다. 그러려면 시험 문제로 나올 것을 잘 골라서 잘 외우고 머릿속에 넣으면 된다. 이 두 가지에 대한 팁을 이제 방출해 본다.

❶ 시험에 나올 게 뭘까?

예전에 과외로 아이들을 많이 가르쳐 본, 한의대에 다니던 동생이 한 말이 생각난다.

"오빠, 내가 가르쳐 보니까 공부를 못하는 애들은 다른 게 문제가 아니더라. 그런 친구들은 공부할 때 뭐가 중요한지, 뭐가 시험에 나올지 자체에 대한 감이 없어서 못하는 거더라고."

이 말을 듣고 나도 공감했고, 많은 이가 공감할 것이라 생각한다. 물론 개인차는 분명히 있다. 어떤 친구는 축구를 남들보다 잘하고, 어떤 친구는 다른 친구들보다 옷 입는 센스가 있고, 어떤 친구는 남들을 잘 웃기는 재주가 있다. 그런 맥락에서 공부 센스가 더 뛰어나서 공부할 때 뭐가 중요한지를 더 잘 아는 친구들이 있다. 다만 여기서 내가 얘기하고 싶은 것은 여러분이 우려하는 것만큼 공부 센스에서의 개인차는 크지 않다는 것이다.

이렇게 얘기하면 어떤 친구는 동의하지 않을 수도 있다. 공부 센스에서의 개인차는 엄청 크고, 노력으로 그 차이를 극복하기 어렵다고 생각할 수도 있다. 사실 최근에는 '모든 것이 유전이다'라고 생각하는 풍조가 있어서 더 그렇기도 하다. 외모도 유전이고, 머리도 유전이고, 신체 능력도 유전이고, 다 유전이라고 한다. 그래서 오히려 이것이 우리가 마땅히 해야 하는 노력 자체를 할 동기를 방해하곤 한다. '해서 뭐하나'라는 생각을 하게 만드는 것이다.

안타까운 점은 소위 말하는 이런 '유전론'이 노력을 하지 않을 핑계로 쓰이고 있다는 점이다. 많은 학생이 본인이 어떤 공부머리를 가지고 있는지 알아보는 노력 자체를 하지 않는다. 그래서 본인이 가진 잠재력을 발현하지 못하게 된다. 머리가 좋은 사람도 공부머리로 발현되기 위해서는 일단 일정 정도의 공부를 해 보아서 성과를 내 봐야 한다.

세상에는 정말 다양한 사례들이 있다. 의사 부부의 자녀로 태어났지만, 딱히 공부에 흥미를 못 붙이고 혹은 공부 요령이 없어서 부모만큼 좋은 대학에 진학하지 못하는 경우도 많다. 또 어떤 사람은 평범한 부모님 밑에서 태어났지만, 열심히 공부를 해서 뛰어난 성적을 이루어 내기도 한다. 여러분들이 어떤 공부머리 수저인지 모르지만, 이 책을 읽고 이해할 정도라면 크게 떨어지지 않는 보통 이상의 지능을 가지고 있다고 확신한다. 그렇다고 하면 지금은 공부 센스가 좀 부족하더라도 충분히 학습되고 개발될 수 있는 것이다. 스스로의 공부 머리에 대한 불신을 털어버리고, 다음에 나올 TIP을 숙지해 보자.

❷ 암기 TIP: 중요한 부분 골라 외우고 머릿속에 넣기

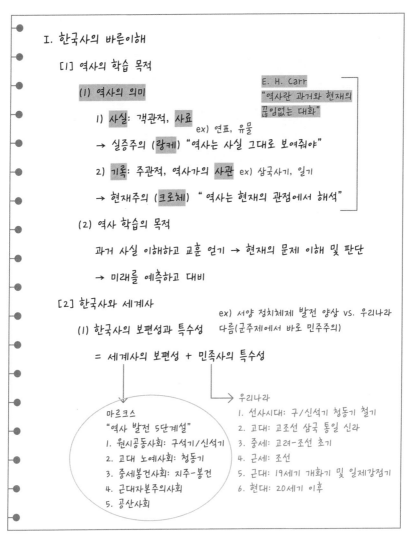

I. 한국사의 바른이해

　[1] 역사의 학습 목적

　　(1) 역사의 의미

　　　E. H. Carr
　　　"역사란 과거와 현재의 끊임없는 대화"

　　　1) 사실: 객관적, 사료
　　　　ex) 연표, 유물
　　　→ 실증주의 (랑케) "역사는 사실 그대로 보여줘야"

　　　2) 기록: 주관적, 역사가의 사관 ex) 삼국사기, 일기
　　　→ 현재주의 (크로체) "역사는 현재의 관점에서 해석"

　　(2) 역사 학습의 목적

　　　과거 사실 이해하고 교훈 얻기 → 현재의 문제 이해 및 판단

　　　→ 미래를 예측하고 대비

　[2] 한국사와 세계사

　　(1) 한국사의 보편성과 특수성
　　　ex) 서양 정치체제 발전 양상 vs. 우리나라
　　　　다름(군주제에서 바로 민주주의)

　　　= 세계사의 보편성 + 민족사의 특수성

　　　　마르크스
　　　　"역사 발전 5단계설"
　　　　1. 원시공동사회: 구석기/신석기
　　　　2. 고대 노예사회: 청동기
　　　　3. 중세봉건사회: 지주-봉건
　　　　4. 근대자본주의사회
　　　　5. 공산사회

　　　　→ 우리나라
　　　　1. 선사시대: 구/신석기 청동기 철기
　　　　2. 고대: 고조선 삼국 통일 신라
　　　　3. 중세: 고려-조선 초기
　　　　4. 근세: 조선
　　　　5. 근대: 19세기 개화기 및 일제강점기
　　　　6. 현대: 20세기 이후

친구 필기 내용이 추가된 요약 노트 필기 예시

다시 이 필기로 와 보자. 형광펜으로 덧칠된 부분이 '친구 필기'에서도 중요하다고 한 부분이다. 공부 센스가 있는 친구 필기를 빌려서 내 필기에 추가했다면, 내 공부 센스가 좀 부족하더라도 많은 부분을 커버할 수 있다. 따라서 공부할 때는 필기를 중심으로 외워야 하고, 그 필기를 기준으로 만들었던 요약 노트를 보는 것이 더 효율적이다.

그러면 어떻게 공부를 해야 하는지 예를 들기 위해 아까 예시로 들었던 요약 노트를 다시 보자. 이 요약 노트를 가지고 어떻게 공부할지 적어 볼 테니, 어떤 느낌인지 함께 따라가 보자. 다만 이 부분은 개인별로 차이가 있을 수 있으니 아래 예시를 참고하되 느낌을 파악해 보는 데에 집중한다.

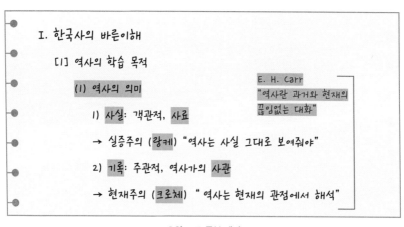

요약 노트 공부 예시

내가 이 단원을 공부한다면, 우선 옆에 또 다른 연습장을 하나 꺼내 두고 요약 노트를 읽으면서 외울 부분은 연습장에 쓰면서 공부할 수 있도록 준비할 것이다. 아래는 공부할 때 나의 의식의 흐름이다.

역사를 왜 학습하지?

↓

그걸 알기 위해서는 우선 역사가 어떤 의미인지 알아야겠지.

↓

역사가 가지는 의미는 1) 사실 2) 기록으로 나뉨(이라고 말하며 연습장에 써서 외운다).

↓

랑케랑 크로체는 주관식으로 나올 것 같이 생겼다.

↓

실증주의(랑케)/ 현재주의(크로체)(써 본다)

↓

'사실'은 연대표나 유물처럼 객관적인 자료를 얘기하는구나(사료).

↓

'기록'은 역사가가 쓴 걸 얘기하는구나.

↓

뭐, 《삼국사기》도 그렇고 《난중일기》 같은 것도 기록이겠지.

일기니까.

↓

일기를 쓸 때는 객관적으로 쓰려고 하지 않으니 당연히 주관적이겠네.

↓

음, 옆에 E.H. Carr 형님은 외워야지. 중요해 보인다.

↓

'역사'란 과거와 현재의 끊임없는 대화

↓

주관식에서 설마 E.H. Carr 형님이 한 말을 다 쓰라고 하진 않겠지?

↓

그래도 모르니 외워 보자(한 번 써 본다).

의식의 흐름을 보면 알겠지만, 나는 전날 요약 노트를 '보면'서, 아래와 같이 공부한다.

① 구조도를 이해하고: 역사를 정의할 때 둘로 나뉨, 사실과 기록

② 시험에 나올 거 같은 건 쓰면서 외워 보고: 랑케/크로체/E.H. Carr

③ 어떤 문제가 나올지 예상 문제도 생각해 보고: E.H. Carr 가 한 말

이때 공을 들이는 정도는 필기에서의 중요도가 된다. 특히 그중 주관식이 어떻게 나올지를 예상하면서, 나올 것으로 보이면 손으로 써보기도 하면서 신경 써서 외워 두면 좋다.

처음 하면 이렇게 공부하는 게 맞는지 아닌지 감이 잘 안 올 수도 있다. 괜찮다. 하면 할수록 감이 온다. 처음에는 이렇게 하는 게 맞는지 잘 모르는 상황에서라도 그냥 공부를 해 보고, 그때의 감을 일단 기억해 놓자. 그다음에 실제 시험을 보고 풀 때 얼마나 문제가 잘 풀리는지, 그리고 점수가 몇 점이 나오는지를 확인해 보면 어떤 부분이 부족했는지 알 수 있다. 그러다 보면 점점 공부가 잘되는 느낌을 알게 된다. 그런데 그런 감이 없는 지금은 일단 필기를 믿어 보자. 이렇게 하면서 공부 완성도를 80~90%, 가능하면 100%까지 올리면 된다.

혹시나 여러분이 지금 시험 전날인데 이제야 이 책을 봐서 요약 노트 만드는 법을 몰랐다거나, 계획대로 진도가 안 나가서 못했다거나, 여러 이유에 의해서 요약 노트를 만들지 못했다면 어떻게 해야 할까? 사실 나도 돌아보면 계획대로 진도가 잘 나가지 못해서 그런 적이 꽤 많았다. 이럴 때는 어쩔 수 없이 결단을 내려야 한다.

나 같은 경우는 그런 상황에서 완성하지 못한 요약 노

트를 만들면서 공부를 같이 하거나, 그간 만든 필기든, 교과서든, 최고의 공부 자료를 꺼내서 그걸 가지고 공부를 했었다.

이 두 개의 선택지 중 하나로 정했는데, 대부분 전자를 선택했다. 대신 전자처럼 하려면 요약 노트를 완성한 후에 적어도 한 번은 다시 봐야 한다. 그러려면 더 많은 집중력으로 더 짧은 시간 안에 해내야 하는데, 남은 시간 각을 재보고 좀 무리이더라도 가능하다고 판단이 되면 그렇게 하려고 했다.

만약 각이 안 나오면 후자를 선택할 수밖에 없다. 있는 자료를 가지고 그걸로 위와 같이 공부를 하면 된다. 중간·기말고사를 한두 번 해 보면 아마 그 감도 생길 것이다. 각자 자신에게 맞는 방법을 찾아가면 된다.

잠은 언제 자는가?

이렇게 공부하다 보면 어느새 시간이 엄청 지나가 있을 것이다. 그리고는 고민이 시작된다. "범위는 좀 남았는데, 언제 자지?" "그냥 잘까?" "자고 일어나서 할까?" "하기 싫다." 자고 싶은데 맘대로 잘 수는 없는 시험 기간의 잠에 대해서도 몇 가지 기준이 있다.

첫째, 적어도 3시간은 자야 한다. 밤에 좀 자면서 머리에 넣었던 게 정리가 되기 때문이다. 밤을 새우며 공부하는 것보다 잠을 자는 게 기억에 더 도움이 된다. 덧붙여 수면 주기는 보통 1시간 반 주기이므로 3시간, 4시간 반, 6시간 단위로 자는 게 가장 좋다.⚡

둘째, 머리가 아프면 자고 아침 일찍 일어나면 된다. 공부는 다 못 끝냈는데 한계가 올 때가 있다. 머리는 아프고 집중도 안 되고, 너무 하기 싫어지거나 졸리기도 한다. 물론 늘 비슷한 느낌이겠지만, 여기서는 정말 한계에 부딪힐 때를 이야기한다. 그럴 때는 자고 새벽에 일어나서 한다. 알람을 맞추거나 혹은 부모님께 깨워 달라고 부탁을 해서라도 잠을 먼저 잔다. 당일 새벽이면 바로 몇 시간 후가 시험이기 때문에 더 집중해서 효율적으로 공부하게 되고, 자고 난 이후라 에너지 회복도 되어 있을 것이다.

⚡ 대한수면의학회, https://www.sleep.or.kr/html/?pmode=BBBS0019600010&page=2&smode=view&seq=921&searchValue=&searchTitle=strTitle

효과적으로 반복 공부하는 법

우리는 결국 공부 완성도 100%를 목표로 공부하지만, 한 번에 100%를 만들 생각으로 하면 안 된다. 그러면 진도가 안 나가서 시험 범위를 다 볼 수가 없다. 그리고 완벽히 숙지했는지에 대한 확신이 안 서서 못 넘어가게 된다. 그러므로 단원 또는 범위 전체를 다 보되, 여러 번 반복하는 게 필요하다. 반복하면서 테스트를 한다. 이걸 아는지 모르는지, 외웠는지를 스스로 시험해 본다고 생각하면 된다. 단원 단위로 할 수도 있고, 전체 범위 단위가 될 수도 있다. 우선 단원 단위로 예를 들어 보자. 범위가 1~3단원이라고 하고, 요약 노트 3장을 만들었다고 가정한다.

1단원을 끝낸다.

↓

잠깐 쉰다.

↓

다음 단원 공부 전에 방금 전에 공부한 단원을 다시 짧게 훑어 본다.

↓

보면서 외워야 했던 것들을 보지 않고 한 번 기억해서 연습장에 써 본다.

$\downarrow$

예를 들면 랑케- 실증주의 / 크라체 - 현실주의 / E.H. Carr

$\downarrow$

잘 외워졌는지 확인해 본다.

$\downarrow$

'크라체-현실주의'가 아니라 '크로체-현재주의'였다는 것을 발견한다.

$\downarrow$

그러면 '이거 못 외웠구나' 하며 다시 써 보고 외운다.

$\downarrow$

그렇게 1단원을 훑어본 뒤

$\downarrow$

2단원 공부를 시작한다.

이렇게 반복하고, 여러분의 지식을 테스트해 보면서 뭘 알고, 뭘 모르는지 파악하면 된다. 이때 틀리는 것이 효과가 더 좋은데, 틀려 보면 충격을 받아서 더 기억에 남기 때문이다. 그래서 미리 틀려 보면 시험에서 맞히기 쉬워진다. 범위가 많지 않으면 전체 범위를 한 번 다 본 후에 반복-테스트하고, 범위가 많으면 단원별로 하면 된다.

이것을 전문 용어로 '인출 연습'이라고 한다. 인출이란 꺼낸다는 뜻으로, 머리속에서 지식을 꺼내는 연습이라고 보면 된다. 연구 결과에 따르면 위에서 얘기한 것처럼 단순히 반복해서 공부하는 것보다 문제를 맞혀 보는 일종의 테스트를 하는 것이 장기적으로 기억하는 데 있어서 더 효과적이라고 한다.⚡ 명심하자. 시험 공부는 머리에 많이 집어넣는 것이 중요한 것이 아니라, 공부한 내용을 시험 볼 때 머리에서 잘 꺼내는 것이 더 중요하다.

여기까지 시험 전날의 의식의 흐름부터, 반복-테스트법까지 암기법을 위주로 설명해 보았다. 거의 내 머리 속에 들어갔다 나온 거나 마찬가지라고 보면 된다. 흥미롭고 재미있게 들렸으면 좋겠다. 도움이 되었는지, 아니면 이미 여러분이 알고 있던 건지 모르겠지만, 이 책을 통해서 공부를 요령있게 하는 법을 몰랐던 친구들이 조금이나마 감을 잡았으면 좋겠다는 바람이다.

이렇게 전날이 다 지나가고 이제는 D-day다! 혹시 공부를 좀 하는 학생들은 내가 수학이나 물리 등, 암기보다는 이해하고 계산을 해야 하는 과목을 위한 공부 방법에 대해서는 지금까지 자세하게 안 다뤘다는 것을 느꼈을지도 모르겠다. 그 이유는 이러한 과목들은 대부분의 과목들과 약

⚡ Henry L Roediger 3rd, Jeffrey D Karpicke, 〈The Power of Testing Memory: Basic Research and Implications for Educational Practice〉

간 공부 방식이 다르기 때문이다.

공부 방식이 다른 이유는 이 과목들에는 시험에 계산을 하는 문제들이 나오기 때문이다. 계산 문제를 공부하려면 개념을 배운 후, 그에 관련된 여러 계산 문제들을 푸는 과정을 통해 문제를 보고 관련된 개념을 생각해내고 그를 이용해서 실제 계산을 해 보는 시간이 필요하다. 그래서 벼락치기 공부 기간만을 통해 해내기에는 물리적으로 시간이 부족하다. 따라서 이러한 과목은 벼락치기 공부법으로 접근하기보다는 이 책의 뒷 챕터에 수록된 '수능 공부법'의 접근 방식으로 공부하는 것이 맞다.

여기서 간략히 얘기하자면 다음과 같다. 교과서와 선생님이 주신 자료의 모든 예제와 연습문제를 쭉 풀어 본다. 풀어본 후 채점을 해 보면 맞힌 문제가 있고, 찍어서 맞힌 게 있고, 틀린 게 있을 것이다. 그중에서 찍은 문제와 틀린 문제를 다시 보고 풀어 본다. 그 후에 또 틀렸던 문제만 다시 풀어 본다. 그래도 또 틀리는 게 있다면, 그걸 다시 공부하고, 또 푸는 식으로 반복하면 점점 틀리는 게 줄어드는 걸 볼 수 있다. 틀리는 것이 줄어든다는 것은 내가 풀 수 있는 유형의 문제들이 점점 많아진다는 것이다. 역시나 '반복-테스트'라는 큰 틀에서는 같은 공부 방법이다.

이렇듯 계산 위주의 과목들은 위와 같이 공부하되, 그

외의 거의 대부분의 과목들은 벼락치기 공부법으로 공부하면 된다. 그럼 이제 시험 당일 공부법으로 가 보자.

시험 당일 공부법 &TIP

드디어 D-Day, 결전의 날이 왔다. 우리가 이 날을 위해 몇 날 며칠을 고생했던가. 주마등처럼 스쳐 지나가는 고생을 뒤로 하기엔, 아직 시험이 남아 있으니 정신을 차려본다. 이번 학년, 이번 학기 중간고사, 혹은 기말고사는 여러분의 인생에 다시는 오지 않을 것이고, 이 날들은 기록으로 남게 된다. 여러분이 최선을 다했다면, 결과에 상관없이 나중에 돌아봐도 후회는 없을 것이라 믿는다. 그러니 마지막까지 '최선'을 다해 보자. 이번 글의 주제는 한마디로 이렇게 요약할 수 있다.

"끝날 때까지 끝난 게 아니다. 마지막까지 최선을 다

하자."

이번 글에서는 시험 직전의 몇 시간 동안 뭘 해야 하는 지, 시험을 볼 땐 어떤 요령으로 해야 하는지, 시험이 끝나고 어떻게 다음 날을 준비하면 되는지를 이야기하려고 한다. 그럼 지체할 필요 없이 바로 시작하자.

시험 당일 아침

자, 당일 아침이다. 다들 몇 시에 자고 일어났는지 궁금하다. 나라면 적어도 당일 아침에는 오늘 보는 과목의 자료를 '한 번' 정도 빠르게 훑어볼 수 있는 시간을 확보해 둘 것이다. 최근에 본 내용이 기억에 더 많이 남는다는 심리학적 연구 결과 때문이다. 이를 '최신 효과'라고 한다.⚡ 다시 말해, 지난밤에 '두 번' 보고 자고 일어나서 바로 시험 보는 것보다 지난밤에 '한 번' 보고, 자고 일어나서 한 번 더 본

⚡ 두산백과, https://terms.naver.com/entry.naver?docId=5144479&cid=40942&categoryId=3153

후에 시험을 보는 게 더 유리하다는 뜻이다.

　자료를 한 번 보려면, 한 과목에 보통 짧게는 30~45분, 조금 길면 1~1.5시간 정도 걸릴 것으로 본다. 여기서 '한 번 본다'는 것은, 이전 장에서 설명했듯 어느 정도 외웠는지를 테스트해 보며 주관식 예상 키워드는 한 번 더 쓰면서 외우는 걸 이야기한다. 지난 번 예시의 '랑케- 실증주의/ 크로체 – 현재주의/ E.H. Carr' 이런 게 머리에 남아 있는지 시험해 본다고 생각하면 된다. 여기서 중요한 것은, 내가 가진 '요약 노트'에 대한 신뢰다. 지금은 다른 자료를 볼 시간이 없기 때문에 각자 만든 엑기스만 모아 둔 요약 노트를 반복해서 봐야 한다.

　드디어 학교에 도착했다. 학교에 도착했다면 여러분이 할 수 있는 행동은 두 가지가 있다. 첫 번째, 주변에 누가 말 걸든 말든 '반복-TEST'를 반복하면서, 시험 시작 직전까지 외운다. 두 번째는 친구들과 뭐가 나올지 예상 문제, 특히 주관식에 무엇이 나올지에 대해 얘기해 보는 것이다.

　이 중 두 번째는 본인의 공부량이 이미 100%에 육박해서 더 외우는 게 오히려 이미 외운 걸 방해할 때 취할 수 있는 방법이다. 실제로 이렇게 서로 얘기해 보면 친구가 얘기한 부분이 시험에 나오는 경우도 꽤 많다. 한편, 첫 번째 방법은 공부량이 아직 100%가 안 되어서 자신이 없을 때

택하면 된다. 어떤 방법을 택하든, 다른 사람이 얼만큼 했는지보다 본인이 지금 중요한 것들을 머릿속에 다 넣었는지, 시험에 나왔을 때 막힘 없이 쓸 수 있는지, 그것에만 집중하면 된다. 그러다 보면 어느새 선생님이 가진 자료를 다 집어넣으라고 말할 것이다. 이제 정말 시험 시작이다.

시험 시간: 끝날 때까지 끝난 게 아니다

시험 시작하기 전에 책을 집어넣으라고 할 때는 프로답게 집어넣는다. 페어플레이(Fair Play)하는 것이다. 시험지를 받고 시작하라는 말과 동시에 드디어 실전에 돌입한다. 시험 볼 때는 팁 두 가지만 기억해 두자. 첫 번째, 문제 푸는 순서와 두 번째, OMR 카드 답 적는 요령이다. 순서대로 아래에 짤막한 설명을 붙여 보겠다.

❶ 문제 푸는 순서

우리의 목표는 아는 것을 최대한 많이 맞히고 모르는 거도 잘 찍어서 맞히는 것이다. 그리고 그걸 가능하게 하는 건, 처음부터 끝까지 '시간 관리'라는 걸 알아야 한다. 시간 관리를 하려면 문제 유형별로 푸는 순서를 정해야 한다. 시험 문제는 보통 주관식과 객관식으로 유형이 나뉘고, 그중에는 1) 답을 아는 문제, 2) 답을 모르는 문제, 3) 헷갈리는 문제가 있다. 1)-3)-2) 순서대로 풀어 본다. 자세히 적으면 다음과 같다.

1) 일단 주관식부터 푼다(안 그러면 까먹기 때문에).

2) 그 후 순서대로 풀되 아는 것 먼저 푼다.

3) 모르는 건 별 표시를 하고 일단 '바로' 넘어간다.

4) 처음부터 끝까지 다 풀었으면, 남은 시간을 체크한다.

\- 1차 끝 -

1) 별 표시를 한 것들을 순서대로 풀기 시작한다.

2) 끝나기 전 마지막까지, 못 푼 문제들을 계속 푼다.

3) 2분 정도 남았을 때까지 맞는 답을 찾다가 최선의 답을 찍는다.

이 순서라면 적어도 아는 문제는 시간 내에 다 풀 수가 있다.

❷ OMR 카드 답 적는 요령

푸는 중간중간 OMR 카드에도 답을 적어 놓아야 한다. 급하게 하면 실수로 밀리거나 잘못 적는 등의 실수가 있을 수 있으니 아래 요령대로 해 보자. 타이밍을 함께 적어 두었다.

① 우선 플러스펜으로 1차 마킹

1) 아는 문제를 풀면서 동시에 푼 문제들의 답을 플러스펜으로 OMR 카드에 마킹한다.
2) 못 푼 문제는 넘어가면서 답지에는 비워 놓되 OMR 카드 번호에 별 표시를 해 놓는다.
3) 헷갈리는 문제 역시 별 표시를 하되 예상 답에 마킹해 놓는다.

② 그 후 실제 컴퓨터펜 마킹 타임(목표)

1) 남은 시간을 기준으로 페이스를 조절하고, 시험 시간이 10분 정도 남았을 때 일단 분명히 알고 푼 문제들은 컴퓨터펜으로 마킹한다.
2) 끝나기 5분 정도 전에, 번호가 밀리지 않았는지 반 번호 이름은 잘 썼는지 본다.
3) 2분 전에 아직 마킹하지 않았던 헷갈렸던 문제를 찍으면

서 컴퓨터펜으로 마킹하고 마무리한다.

TIP 여기서 말하는 10분, 5분은 뒤에 나올 모의고사 방식으로 충분히 연습한 후 가능한 시간이다. 만일 연습이 덜 되었거나 많이 떨리는 경우, 혹은 헷갈리거나 모르는 문제가 너무 많아서 밀려 쓸 가능성이 높을 경우에는 1차 마킹 후에 아는 문제 먼저 빠르게 마킹할 것을 권한다.

벨이 울리고, 이제 시험이 끝났다. 미련 없이 답안지를 보내주면 된다. 이렇게 한 과목을 끝냈다! 남은 과목도 방법은 동일하다. 가끔 시험 중간에 포기하고 자는 친구들이 있는데, 그러지 않도록 하자. 이 시간은 지나가면 인생에서 다시는 돌아오지 않는 시간이다. 남은 1분, 2분간 마지막까지 고민하다가 갑자기 번뜩! 하고 답이 생각날 때도 있으니 마지막까지 최선을 다해 본다. 괜히 채점할 때 "아, 알던 거였는데!" 하지 말고 열심히 최선을 다해 보자.

"It ain't over, till it's over." (끝날 때까지 끝난 게 아니다.)
—요기 베라(Yogi Berra), 미국 야구팀 뉴욕 양키즈 포수

시험이 끝나면?

이렇게 오늘 과목은 끝났다! 이 책에서 하라는 대로 준비를 했고, 시험을 무사히 마쳤다면 아마 끝나면서 기분이 좋았을 것이다. 뭔가 아는 문제가 많고, 시간도 남는 기분이고, 뭔가 해낸 것 같은 그런 기분이 들 것이다.

시험이 끝나면 내 시험지와 정답을 맞춰 본다. 예상보다 잘 봤을 수도 있고, 잘 못 봤을 수도 있다(그치만 분명 잘 봤을 것이라 예상한다). 어느 쪽이든 이미 지나간 것이고 돌이킬 수 없으니 잊어버린다. 이미 끝났기 때문에 휴지통 비우듯이 머리를 깨끗이 비운다.

다음날 과목들 공부는 앞서 말한 것과 똑같이 하면 된다. 시험 기간의 장점은 학교가 일찍 끝나니 다음날의 시험 과목을 공부할 시간이 많다는 것이다. 둘째·셋째 날은 훨씬 여유롭게 준비할 수 있다. 조금 쉬었다가 '아, 공부해야겠다' 싶은 생각이 들면 공부를 시작하면 된다. 그러다 보면 어느새 시험이 끝난다. 일단은 즐기자!

가끔 시험 끝난 날부터 또 공부를 하는 친구들이 있었는데, 우선 휴식을 즐기도록 한다. 사람이 쉴 때가 있어야 충전이 된다. 그래야 다시 집중해야 할 때 집중할 수 있는 원동력이 생긴다. 쉬지 않고 하면 번아웃이 올 수 있기 때문에, 잘 쉴 수 있도록 한다. 혹시 벼락치기 공부법으로 성적이 올라 공부에 흥미가 생긴다면 뒷부분의 '수능 공부법'도 한 번 보고 따라해 보길 바란다. 그럼 다음 시험 2주 전에 또 보자. 모두 고생 많았다.

SKY 아내의
한 등급 올려 주는
시험 시간 관리법

"아, 아까워! 거의 다 맞혔는데!"
"이거 아는 건데 틀렸네."

채점할 때 자주 듣게 되는 마음의 소리다. 마음의 소리라고는 하지만 사실은 입 밖으로 나오는 경우가 더 많다. 시간을 돌리고 싶고, 이제야 답이 눈에 들어오지만, 실수도 실력이라는 냉정한 시험의 세계에서는 시간 돌리기가 불가능하다. 80%를 알고 있었든, 30%만 알고 있었든 틀리면 그 문제는 0점이다. 그리고 그 틀린 문제들이 카운트되어서 성적이 나온다.

앞 챕터에서 남편이 시험 시간 요령을 잘 설명하였지

만, 여러분이 100% 공부하지 않더라도 100점 맞을 수 있도록 나의 팁을 좀 더 자세하게 공유하고자 한다. 중간고사 끝나고, 토익시험 마치고, 또 여러 시험을 보고 나서 예상 답안을 보고 좌절과 실망이 가득한 여러분을 위한 솔루션이다. 이 글의 목적은 분명하다. '대충 아는 것까지 다 맞힐 수 있는 훈련을 하는 것'이다.

"우리 애가 공부는 정말 열심히 하는데, 시험을 보면 노력한 만큼 성적이 안 나와."

회사에서 아이가 있는 분들에게 가장 많이 들었던 말이다. 학창 시절, 나는 공부를 눈에 띄게 열심히 하는 것은 아닌데, 신기하게도 시험은 잘 보는 학생이었다. 동생은 내게 "맨날 노는데 공부 잘하는 게 신기해."라고 말하곤 했다. 고등학교 3년 내내 다니던 독서실의 원장님은 내가 서울대에 진학하게 되었다고 하자, 거짓말하지 말라고 대답하셨다. 나의 경우를 보고 누군가는 '공부머리'의 차이라고 말할 수도 있겠다. 하지만 취업과 고시를 준비하는 동안 알게 된 것은, 내 머리가 그렇게 좋지 않다는 사실이었다.

교육학에서 측정은 가장 어려운 부분이다. 실제 실력을 올리도록 하는 것만큼이나 그 교육의 효과성을 입증하기 위한 과정은 매우 복잡하다. 특히 객관식으로 개개인의 실력을 측정하는 것은 정합성이 가장 떨어지는 방식 중 하나다(그러나 객관적인 수치로 표현되고, 비용적인 측면에서도 장점이 있긴 하다).

우리의 목표는 하나다. 이러한 필기시험(주로 객관식)의 한계를 이용해 내 본래 실력에 비해 시험을 잘 보는 것. 그럼 본론으로 들어가서 방법론에 대해 이야기해 보자. 이 글은 크게 두 부분으로 나눠진다. 첫 번째, 시험 시간 관리(시험 시간에 어떻게 해야 하는지), 두 번째, 시험을 위한 훈련 방법이다.

시험 시간에 어떻게 해야 하는지는 딱 세 가지만 기억하면 된다.

① 순서를 정리한 문제 전체를 적어도 2회독한다.
② 세상에 문제와 나만 존재할 때까지 초집중한다.
③ (긴장하는 사람은) 행동 습관을 만든다.

별거 없다고 생각하는 사람은 다음 챕터로 넘어가도 된다. 지금까지처럼 모르는 문제도, 반쯤 아는 문제도 다 틀리거나, 아는 게 100%가 될 때까지 공부하면 되니까. 하지만 이 책을 펼친 여러분은 간절한 마음으로 내용을 정독하고 있을 것이라고 생각한다. 그러니 우선 다음 내용으로 넘어가 보자.

순서를 정리한 문제 전체를 적어도 2회독한다

시험 문제를 대하는 요령에 대해서 먼저 이야기해 보자. 기본적으로 전체 문제를 두 번 이상 보아야 한다. 1회독 때 아는 문제. 헷갈리는 문제, 모르는 문제를 나눠 둔다. 시간이 부족한 사람도 있고 남는 사람도 있겠지만, 아는 건 알고 모르는 건 모르는 보통 사람들을 기준으로 할 때, 중요한 건 모르는 문제에 처음부터 집중하지 않는 것이다.

시험 문제의 난이도는 대부분 '하-중-중-상-하-하-중-중-상' 이런 식으로 섞여서 분포된다. 따라서 처음부터 모든 문제에 집중한다는 것은, 귀중한 시험 시간을 다 잡아먹고 뒤쪽에 위치한 다 아는 문제도 어설프게 찍게 만드는 최악의 방법이다.

문제를 풀다가 정답의 범위가 두 개까지 좁혀진 문제가 있는가? 그럼 우선 그 번호 두 개에 표시만 해 두고 넘어가자. 중간고사 문제 등 범위가 정해진 시험 또는 영어시험의 경우에는 앞뒤 문제가 같은 단원이나 지문에서 출제되는 경우가 많다(또는 영어의 예문이 존재한다). 따라서 시험을 보다 보면 마지막 문제 즈음에서 힌트를 얻게 되기도 한다. 그러니 미련을 버리고 잠시 접어 두자. 그리고 2회독할 때 집중해서 보면 정답률은 올라간다. 기본적으로 문제를 푸는 순서는 아래와 같다.

아는 문제 → 헷갈리는 문제 → 모르는 문제

확률로 보면 헷갈리는 문제는 찍어도 맞을 확률이 50% 이상이고, 모르는 문제는 찍어서 맞힐 확률이 20% 이하이다. 전혀 감이 안 오는 문제는 붙잡지 말고 마킹할 때 대략 각 번호 당 답안 개수 보고 찍는다(답이 1번인 문제가 하나도 없으면 그냥 1번 체크). 정확한 채점을 위해 몇 번 찍었는지만 따로 적어 놓는다. 그리고 그 시간을 헷갈리는 문제에 투자한다.

1회독보다 2회독에서 푸는 문제의 수는 적겠지만, 들이는 시간은 비슷해야 한다. 1회독은 문제를 분류하는 시간이라고 생각하면 된다. 아는 문제는 속도감 있게 풀고, 헷갈리는 문제와 찍을 문제에 표시한다. 그리고 2회독 때

헷갈리는 문제에 집중한다. 헷갈리는 문제 4개 중 3개만 맞혀도 정답률은 크게 올라간다. 다음 예시를 보자.

---

18. The company implemented a new _____ systeam to streamline internal communication and enhance collaboration among employees.

      A) Inefficient
      B) Network
      C) Spreadsheet
      D) Customer

19. The manager conducted a thorough market _____ to identify potential competitors and assess market trends before launching the new product.

  V   A) Analysis
      B) Celebrations
      C) Management
      D) Excitement

시험 문제에 표시한 예를 보면, 1회독할 때 18번은 B) 와 C) 중 하나인 것으로, 19번은 A)로 빠르게 답을 체크해 두었다. 2회독할 때 18번은 다른 선지는 제외하고 표시된

B)와 C)만 보고, 19번은 문제는 읽지 않고 답안 표시가 되어있는지만 확인한다. 꼭 이 표시 방법을 사용하지 않아도 되지만, 방법을 정한 후에는 익숙해지도록 연습해야 한다.

이 방법을 적용할 때 인적성 검사나 공무원 시험처럼 난이도가 천차만별인 문제가 섞여 있고 시간이 부족한 시험의 경우에는, 1회독할 때 10~15초 내외로 버릴 문제를 결정하는 과감함이 필요하다(그렇다고 다 버리진 말자). 그 순간의 판단이 성적을 좌우한다는 점을 잊으면 안 된다.

마킹하는 방법을 고민하는 사람도 많은데, 마킹은 2회독 후 5개 단위로 마킹하는 것을 추천한다. 한 문제 풀 때마다 마킹하다 보면 중간에 답 없이 넘어간 문제 때문에 밀려 쓰는 불상사가 상당히 많이 발생한다. 그렇다고 문제 번호를 보고 맞춰 가면서 하려면 시간이 너무 많이 걸린다. 따라서 전체 문제를 어느 정도 푼 이후에 한번에 마킹하는 것이, 마킹 시간을 줄이고 문제 풀이 시간을 확보할 수 있는 효율적인 방법이다.

덧붙여 이 방식을 사용하면, OMR 답안지에 대부분 5개 단위가 한 칸으로 들어 있기 때문에 밀려 쓰는 일을 방지할 수 있다. 1~5번까지 '4-3-2-1-4' 이런 방식으로 읽으며 마킹하면, 40문제 기준 2분 이내로 마킹을 정확하게 완료할 수 있다. 대부분 답안지를 읽어 줄 때도 5개 단위씩 읽어 주므로, 심리적으로 더 편안하게 느낄 것이다. 다만 이 방법 역시 평소에 연습을 해 두어야 실전에 무리 없이 활용할 수 있다.

시험 시간에는 문제 풀이에만 집중한다

시험을 보고 나면 기분이 어떤가? 긴장이 풀려서 나른한가? 아니면 채점할 생각에 떨리는가? 내 경우에는, 시험을 보고 나면 혈압과 혈당이 엄청나게 떨어져서 몸을 가누지 못할 정도로 힘들었다. 시험 시간 내내 너무 집중했기 때문이다.

어쩌면 이 시험이 마지막 기회라고 생각되면서 걱정과 불안, 그리고 공부하던 순간들이 떠오르며 뭉클해질 수 있다. 그러나 시험기간에는 그런 잡념이 한 구석에도 자리 잡을 수 없도록, 세상에 시험 문제지와 나만 남았다는 것이 실존적으로 느껴지도록 집중해야 한다. 간절할수록 문제 자체에 집중하자. 생각보다 여러 이유로 시험 시간에 집중하지 못하고 능력을 100% 발휘하지 못하는 사람이 많다. 앞사람이 다리를 떨든, 자리가 춥든 덥든, 그런 게 느껴지지 않을 만큼 집중하라. 완벽하게 몰입하는 방법까진 모르

더라도 적어도 잡념이 들려고 하면, 그걸 떨쳐 낼 수 있는
방법을 만들어야 한다. 그 훈련은 다음에 이어보도록 하자.

시험에 긴장하는 이여, 행동 습관을 만들라

시험을 볼 때 긴장되는 건 당연하다. 적당한 긴장감은
오히려 짧은 시험 시간에 폭발적 집중력을 낼 수 있게 하는
원동력이 되기도 한다. 그러나 때때로 시험 스트레스와 긴
장으로 인해, 공부를 열심히 했는데 망쳤다는 친구들을 왕
왕 보게 된다. 나 또한 시험을 보려고 하면 자꾸 화장실에
가고 싶은 것 같은 때가 있었다. 시험 중간에 당이 떨어지
고 입이 마르기 시작하면서 땀이 나기도 했다.

만약 이런 사람들이 있다면, 이를 효과적으로 피할 수
있는 '행동 습관(Ritual) 리스트'를 만들기를 추천한다. 나는
자꾸 화장실에 가고 싶다는 생각이 들어서, 시험 전에는 요
약 노트를 한 줄 더 보는 것보다 꼭 화장실에 다녀와야 한
다는 규칙을 만들었다. 그리고 휴지와 물을 준비했다.

사실 그걸 실제로 마신 적은 한 번도 없었다. 심리적으
로 위축되어서 그러고 '싶은' 것뿐, 막상 앞에 가져다 두어
도 마시지 않았다. '만약 목이 너무 마르면 물을 마시면 되

고, 손에 땀이 나면 티슈로 닦으면 돼'라는 생각이 들면, 갑자기 안심이 되어 그게 필요가 없게 되어 버렸기 때문이다. 다른 친구는, 시험을 볼 때 늘 머리를 묶지 않고 온다고 했다. '시험 문제를 잘 풀고 싶어서'라고 했다.

사실 행동 습관 자체는 아무것도 아니다. 다른 사람들에게 말할 필요도 없다. 그러나 행동 습관과 실제 경험(시험을 잘 본 경험)이 몇 번 누적이 되면, 마치 '파블로프의 개'처럼 행동 습관을 실행하는 것만으로도 안심할 수 있게 된다.

요약해 보자면 시험 시간에는 문제를 과감하고 정확하게 나눠 본다. 그리고 헷갈리는 두 선택지의 차이를, 본인이 가지고 있는 모든 상식과 이미지까지 동원해서 찾아보는 데에 모든 정신을 쏟아 본다. 집중을 방해하는 영역은 행동 습관을 만들어서 극복해 보자. 이렇게 하고 나면 헷갈리는 문제에서도 높은 정답률을 기록할 수 있게 될 것이다.

이 방법을 반복하다 보면 어느덧 큰 시험에서도 익숙하게 집중하는 모습을 발견할 수 있을 것이다. 이제 채점할 때, '아 헷갈려서 찍었는데 맞았다!'라는 마음의 소리가 가득할 때까지 열심히 해 보자.

시험 직전에 볼 주제를
체크하자

이 글을 쓰면서 흥미로웠던 부분은 시험이 가까워 올수록 남편의 벼락치기 공부 방법과 나의 공부 방법이 비슷한 결을 가지고 있는 정도를 넘어 사실상 같아진다는 점이었다(다른 공부 잘하는 학생들의 시험 전날도 이렇게 유사하리라 생각한다). 따라서 첨언할 부분이 딱히 없지만, 한 가지 강조하고 싶은 것이 있다. 첫째 주의 필기가 둘째 주의 요약을 위한 것이고, 그 요약이 시험 전날 벼락치기를 위한 것이라면, 시험 전날의 공부 역시 시험 직전과 시험 당시에 반드시 알아야 할 내용을 정리하기 위한 것이라는 점이다.

다시 말해, 시험 30분 전에 급하게 공부할 때 머릿속에 넣어 두었다가 주관식 답으로 바로 적을 수 있는 주제를 따로 분류해 두어야 한다는 것이다. 이걸 시험 시간에 본다면 컨닝 페이퍼가 되는데, 시험 직전에 본다면 훌륭한 요약 노트라고 할 수 있다. 이게 가능하려면 미리 요약 노트에 중요하다고 체크한 부분, 시험 전주 질의응답 시간에 선생님께서 말씀하신 부분 등을 따로 표시해 두었어야 한다.

때로는 중요 주제에 대해서 (교과서를 보지 않고) 포스트 잇 등에 따로 적어 두었다가 시험 직전에 보는 것도 방법이 될 수 있다. 점차 요령이 늘면 출제가 유력한 부분만을 따로 정리해 두고 시험 직전에 각인시킬 수 있는 경지에 이르게 된다. 시험지를 펼치자마자 주관식 답안에 답을 적어내려가며, 마음의 안정과 자신감을 가지고 남은 객관식 문제에 집중할 수 있게 될 것이다.

벼락치기 체크리스트

☐ 시험 전날, 다음 날 시험을 보는 과목의 자료를 적어도 한 번 이상 훑어보았는가?

☐ D-Day에 볼 자료를 잘 정리해 두었는가?

☐ 이 책에서 설명한 '문제 푸는 순서'를 잘 이해하였는가?

☐ 이 책에서 설명한 'OMR 카드에 답을 적는 요령'을 숙지했는가?

☐ 잠은 적어도 3시간 이상 잤는가?

☐ 시험 끝날 마지막 순간까지 최선을 다할 준비가 되었는가?

5장

벼락치기,
성공 경험을
만들어 주는 첫걸음

벼락치기는 어떻게 청소년을 살리는가

자신감으로 가는 첫 계단으로 이용하라

'한 사람이 건강하다'라고 할 때는 '정신적'으로나 '육체적'으로나 건강한 상태를 얘기한다. 그중 내적으로 건강하다고 말할 때 이야기할 수 있는 지표에는 무엇이 있을까? 여러 가지가 있겠지만, 그중에 '자존감(자아존중감)'이 있을 것이다. '자아존중감'이란 자신이 사랑받을 만한 가치가 있는 소중한 존재이고, 어떤 성과를 이루어 낼 만한 유능한 사람이라고 믿는 마음이다.

나는 자존감을 형성하는 여러 요소 중 '자신감의 총합'이 큰 부분을 차지한다고 생각한다. 개인이 가진 자신감의 강도는 분야에 따라 다르다. 예를 들면, 나는 요리에는 자신이 있지만, 청소에는 자신이 없을 수도 있고, 친구들 앞에서 노래하는 건 자신 있지만, 처음 만난 사람이랑 잘 어울리는 일에는 자신이 없을 수도 있는 것이다. 이런 삶의 여러 부분에 대한 자신감들이 기둥이 되어 자존감을 들어 올린다.

그럼 '자신감'은 어떻게 형성될까? 결론부터 말하자면 자신감은 '성공 경험'의 누적으로 생긴다.

예를 들어 보자. 여기 중학생인 연아가 있다. 연아는 사람들 앞에서 바이올린 연주를 잘하고 싶다. 바이올린 연주에 자신감을 가지고 싶다는 얘기다. 당연히 처음에는 연주를 잘하지 못할 것이다. 그래서 처음엔 누구나 자신감이 없다. 그러나 사람들 앞에서 연주했을 때 사람들이 좋아하는 모습을 보고, 박수를 받고, 칭찬을 듣는 성공 경험을 여러 번 하면 '아, 내가 연주를 잘하는구나'라는 자신감을 가지게 되는 것이다.

그 '성공 경험'을 가지려면 두 가지가 필요하다. 첫째, 바이올린 연습을 열심히 '잘'해야 한다. 둘째, 실제 사람들 앞에서 연주를 하는 용기를 내야 한다. 만약 자기가 잘하고 싶던 바이올린 연주에 자신감을 가지게 되면, 그것은 연아의 자존감을 높여 줄 것이다. 연아가 바이올린 연주를 얼마나 중요하게 생각하느냐에 따라, 자존감에 미치는 영향도 더 클 것이다.

이제 바이올린을 공부로 바꿔 보자. 연아는 '공부'를 잘하고 싶다. 다만 누구나 처음엔 그렇듯 잘 못하기도 하고, 그래서 자신감도 없다. 불행하게도, 대다수 연아들의 스토리는 여기에서 끝난다.

2023년도 교육부 교육 기본 통계에 따르면 전국의 중·고생은 약 260만 명이다.↯ 학생들은 내신 3등급 이하 (성적 상위 23% 이하)만 되어도 자신이 공부를 잘한다고 생각하지 않는다. 어쩌면 이미 인서울은 진작 포기할지도 모른다. 이런 친구들(80%)은 208만 명이다. 5등급 이하인, 6등급부터의 아이들을 보더라도 전체 학생의 40%, 104만 명이다. 보통 6등급 이하의 아이에게는 선생님이나 학부모님, 혹은 '학생들 자신'조차 공부에 대해서는 별로 희망 혹은 자신감을 가지지 않는다.

슬프게도 성적은 중·고등학생들에게 거의 그들의 '미래 그 자체'로 받아들여진다. 현실은 설령 그렇지 않더라도 학생들 자신은 그렇게 믿는다. 혹은 그들의 학부모님들

↯ 교육부 공식 블로그, https://if-blog.tistory.com/14434

께서 말이다. 그 말은 성적이 안 좋은 친구들은 성적 그 자체뿐 아니라, 자신의 미래 혹은 스스로에 대한 기대나 자신감, 희망이 거의 없거나 적을 가능성이 크다는 뜻이다. '장밋빛 미래'가 아니라 '잿빛 미래'인 것이다.

이렇게 자신에 대한 희망이나 기대가 적은 친구들에게는 실제로 변화를 꾀하거나 큰 목표를 세워서 이루고자 하는 원동력인 '의지'를 만드는 일도 훨씬 어렵다. 한다고 해서 될 거라는 성공 가능성이 적어 보이는데 어떻게 큰 노력과 투자를 하겠는가?

결국은 '희망이 적다 → 의지가 적다 → 노력이 있기 어렵다 → 더 낮은 성공 가능성 → 자신감이 더 적어진다'의 악순환이 반복되는 것이다.

적어도 104만 명의 학생들은 행복한 삶, 내가 원하는 걸 노력하면 이룰 수 있다는 자신에 대한 믿음, 그런 꿈같은 이야기들은 나와 관련이 없다고 생각하기 쉽다. 인생에서 가장 꿈이 넘쳐나야 할 청소년 시기인데 말이다.

내가 고등학교 때 공부를
제대로 시작한 계기

고등학교 2학년 때의 일이다. 내가 학교에 다닐 당시에는 고등학교 2학년이 되면 문과와 이과로 계열을 정했다. 문과에서는 인문 계열과 사회 계열로 나뉘었고 계열끼리 반을 정했다. 보통 문과에서 공부 잘하는 친구들은 다 사회 계열을 택했다. 나는 인문 계열을 택했다. 그전까지 나는 전교권에 들거나 그러지 않았고, 그냥 조용히 벼락치기를 하며 중상위권을 유지하고 있었다. 그러다 고등학교 2학년 중간고사를 봤는데, 반에서 순위권에 든 것이다. 아마 3등인가 했었던 것으로 기억한다. 전교권도 아니고 반에서의 순위권이었지만, 나는 그 순간 이런 생각이 들었다.

'와, 나도 어쩌면… 되겠는데?'

갑자기 왜 그렇게 성적이 올랐던 것일까? 사실 내가 갑자기 공부를 엄청 잘하게 된 건 아니었다. 공부 잘하는 친구들이 다 사회 계열로 가서 상대적으로 내 순위가 올라간 것이었다. 하지만 그런 사실들은 내게 중요하지 않았다. 순위권에 든 것 자체가 내게는 '성공 경험'이었기 때문이다. 이후 내가 조금 더 큰 희망과 기대를 가지고 공부를 더욱 열심히 했다는 것은 아마도 예상 가능할 것이다.

벼락치기로 모든 학생들이 명문대에 갈 수는 없다. 게다가 좋아진 성적이 행복한 미래를 무조건 보장하는 것도 아니다. 다만 벼락치기는 평균 5점, 혹은 10점 오르는 경험을 하게 해 줄 순 있다. 자기 계획과 노력으로 이루어 낸 '성공 경험' 말이다. 10점이 올라서 35점일 수도 있고, 5점이 올라서 80점대가 될 수도 있다. 상관없다. 본인의 힘으로 올라갔다는 사실이 중요하다.

이건 첫 계단일 뿐이다. 나의 글이, 벼락치기가 그 첫 계단의 역할을 할 수 있다면 좋겠다. 아니 그럴 수 있다고 믿는다. '와, 나도 하면 되겠는데?'라는 생각 하나면 된다.

영화 〈인셉션〉에서, 도미닉 코브(레오나르도 디카프리오)는 사람의 꿈에 들어가서 '작은 생각'을 심어 그것이 큰 비즈니스 결정에 영향을 미치도록 하는 임무를 수행한다. 나는 실제로도 이런 작은 생각, 믿음 하나가 한 사람의 인생을 바꿀 수 있다고 생각한다. 그중 성적이란 부분은 학생들의 생각과 관심의 가장 큰 부분을 차지해서, 쉽게 다른 분야의 자신감에도 영향을 미치며, 결국 자존감에 지대한 영향을 미친다.

내가 심리학과 전공 수업에서 들었던 이야기 중 '자살'

에 대한 게 생각난다. 교수님께서 "사람이 더 이상 살고 싶지 않다는 생각을 할 때가 어떤 때인 줄 아느냐"라고 수업 시간에 질문하셨다. 여러 학생들이 "우울증에 걸렸을 때", "감당하기 힘든 어려운 일을 당했을 때" 등 여러 대답을 했다. 그러자 교수님은 "더 이상 나아질 것이라는 희망이 없을 때"라고, 사람들은 그럴 때 삶의 의지를 잃어버린다고 말씀하셨다.

이쯤에서 다시 한번 이 챕터의 제목의 질문으로 돌아가 보자. 어떻게 벼락치기가 청소년들을, 여러분의 자녀를, 여러분을 살릴 수 있을까? 나는 벼락치기 공부법을 통해서 갖게 된 '나도 하면 되겠는데?'라는 생각 하나가 이들이 자신의 삶을 어쩔 수 없이 살아야 하는 삶이 아닌, 살아볼 만한 삶으로 인식하도록 바꿀 수 있다고 믿는다. 나도 이 생각 하나로 지금까지 인생에서 이루어 온 많은 것을 시도해 볼 수 있었다.

드디어 내가 알려줄 수 있는 벼락치기 공부법에 대한 모든 것을 털어놓았다. 어느 성적대의 친구들이든 한번 해 보고 싶은 마음이 생기도록 가장 부담이 적고 쉽게 쓰려고 노력했다. 많은 친구들이 한 번이라도 해 보고 작든 크든 성적 향상이라는 성공 경험을 하도록 만드는 게 목표였기 때문이다. 지금까지 그런 성공 계기나 경험이 없었던 우리

나라의 많은 청소년들이 이 책으로 작지만 위대한 변화의
첫걸음을 만들어 내길 바란다.

공부하라고 말하기 전에 알아야 하는 것

"행복한 결혼 생활을 하기 위해서 배우자를 고를 때 가장 중요하게 봐야 하는 단 하나의 조건을 고른다면 무엇일까요? 똑똑함? 유머? 좋은 성격? 외모? 아니요, 그건 바로 '낮은 기대치'입니다."

이 말은 세계적인 투자자 워런 버핏이 한 대학 강연에서 오래오래 행복한 결혼 생활에 대해 했던 조언이다. 물론 농담조로 얘기한 이야기이긴 하지만, 이에는 일말의 진리가 있다. 다음의 간단한 공식을 보자.

만족도 = 실제 경험 - 기존 기대치

물론 워런 버핏이 부부관계 상담전문가는 아니지만, 기대치와 만족도는 반비례한다는 이 진리는 분명히 깨닫고 있었던 것이다. 이 '간단한 공식'은 결혼 생활뿐 아니라 자녀와 부모 관계에도 막대한 영향을 미친다.

모든 부모님은 나의 자녀가 적어도 '좋은 학생'이면 좋겠다는 생각을 한다. 많은 걸 바라는 게 아니라, 그냥 수업 시간에 열심히 듣고 예습과 복습을 알아서 하는 것 말이다. 이건 적어도 학생이라면 정말 기본적인 것이다. 그런데 우리 아이는 그런 기본적인 것조차 하지 않으면서 게임을 하고, 유튜브를 보거나 누워서 뒹굴거리고만 있으니 답답해서 잔소리를 하지 않을 수가 없다. 여기서 잠깐. 한 가지 중요한 질문을 우선 학부모님에게 여쭤 봐야 할 것 같다.

"나는 초·중·고등학생 시절, 평소에 예습·복습을 철저히 했는가?"

가슴에 손을 얹고, 이 질문에 "네"라고 자신 있게 대답할 수 있는가? 거의 없을 것이다. 있다 해도 아마 그런 사람은 1%도 안 될 것이다. 왜 1%라고 이야기하냐 하면, 수능 성적 상위 1%에 든다는 소위 SKY 학생들 중에서도 평소에 자발적으로 예습·복습을 했다는 친구들은 찾아보기 정말 어려웠고, 절대다수는 그렇지 않았기 때문이다. 정말 후하게 쳐서 그런 좋은 학생이 1%가 된다고 치자. 그렇다 해도 전국의 전체 학생 중 나머지 99%의 학생들은 평소에 스스로 예습·복습을 철저히 하는 그런 학생이 아니라는 말이다.

자, 그러면 부모인 나도 그런 학생이 아니었고, 99%의 학생들도 그런 학생이 아니라면, 자녀에게 그 1%의 이상적인 좋은 학생의 범주에 꼭 들어가야 한다고 기대하고 요구하는 게 과연 합리적인 요구일까?라는 의문이 들지 않을 수 없다.

물론 예외는 있다. 분명히 '어떤' 학생들은 학교 공부 끝나고 학원 갔다 와서도 혼자 예습·복습 계획을 짜거나, 매일 공부할 양을 정해서 공부할 수도 있다. 방학에도 변함없이 계획을 세워서 공부하는 아이도 있을 수 있다. 보통 그런 아이들은 공교롭게도 하필 '내 친구 딸' 중에, 영희라는 이름으로 있거나 '같은 동네 옆집에 사는' 철수라는 이름으로 있기 마련이다.

그렇지만 그런 학생들은 단언컨대 예외적인 케이스이다. 현실이 그러함에도 우리 부모님들께서 기대치를 현실적으로 재조정하지 않는다면, 1%에 들어가는 굉장히 극소수인 자녀를 둔 부모님 외에 99%의 부모님들은 현실 자녀의 모습과 부모님이 기대하고 요구하는 '좋은 학생'이라는 그 갭(GAP)으로 인해 생기는 자녀와의 갈등을 피하기는 쉽지 않을 것이라 감히 말씀드린다.

그 갭의 크기는 '불만족'의 크기와 같다. 또한 불만족의 크기는 갈등의 크기와 정비례한다. 마치 예고편을 본 후의 기대치와 실제 영화의 차이가 클수록 불만족이 큰 것처럼 말이다. 기대치의 갭을 '조금' 줄이고 대신 '더' 행복해졌으면 좋겠다.

이와 관련된 통계 및 연구 결과에 주목할 필요가 있다. 교육부가 실시한 '2015년 청소년건강행태 온라인조사'에 따르면 중·고등학생 스트레스 원인 중 73%가 학업/진로 및 부모님과의 갈등이라고 한다. 또한 부모의 과잉 간섭과 기대가 청소년 게임 과몰입의 원인이 될 수 있다는 연구 결과를 보면 '기대'가 실제 아이들의 정신에 미치는 부정적인 영향이 무시할 수 없는 수준이라는 것을 알 수 있다.

사실 자녀 양육의 방침은 부모님 고유의 것이기에 제

이효석, "게임에 빠진 자녀, 부모 과잉간섭·학업 스트레스 때문", 연합뉴스, 2016.05.02., https://www.yna.co.kr/view/AKR20160502078900004

삼자가 왈가왈부할 수는 없다. 나 또한 부모의 입장이 되고 나면 자녀에게 어떤 비합리적인 기대를 하게 될지 모르는 일이다. 다만 내가 이 글을 읽는 학부모님들께 간절히 바라는 것은, 자녀들이 공부하지 않는 모습을 보고 답답하여 진노의 불길을 내리기 전에, 불과 얼마 전이었던(?) 본인의 학창 시절의 모습을 한 번만 떠올려 보라는 것이다.

기대 없이 보았던 영화가 재미있고, 기대하지 않았던 선물이 더 반갑고, 기대하지 않던 시험에 합격하는 것이 더 기쁜 것처럼, 조금 더 현실적인 기대치를 가지고 아이를 볼 때 더 기특하고 대견할 것이다.

현실적인 챌린지는 하라

기대치를 내려놓는 대신 '현실적인' 챌린지는 해도 된다. 예를 들면 '벼락치기' 정도 말이다. 물론 부모님들의 눈에는 2주 동안의 공부는 너무 짧아 보일 것이다. 하지만 생각해 보라. 아이들은 지금 그마저도 안 하고 있다. "천 리 길도 한 걸음부터"라고 한다. 한 번 해보고 성적이 오르는 걸 경험하면, 그다음부터는 하지 말라고 해도 아이는 알아서 한다. 사실 방법을 몰라서 그렇지 성적을 누구보다 올리고 싶은 건 아이 본인이다. 시작은 2주간의 벼락치기이지만, 이를 통한 성취감을 느껴보지 못하면 '진정한 공부' 근처에 가는 것도 힘들 것이다.

그러니 그 성취감을 느끼도록 도와주자. '할 수 있다'는 생각 하나만 가질 수 있으면 된다. 다만 그렇다고 해서 너무 적극적으로 아이에게 개입하거나 도우려고 하면, 대부분의 경우에는 아무리 좋은 의도도 잔소리나 참견으로 받아들여질 수 있다. 조언을 드리자면, 이 책을 학부모님이 먼저 읽어보기를 추천한다. 그러고는 자녀에게 주면서 읽어보라고 하시기를 권유드린다. 물론 책을 받는다고 해서 잘 읽을지도 미지수고, 읽는다고 책에서 얘기하는 대로 할지 또한 알 수 없다. 하지만 억지로 하라고 해서 할 수 있는 것 또한 아니다.

따라서 인내를 가지고 기다리면서, 너무 적극적으로 관여하기보다는 아이가 어느 부분에서든 도움을 요청하면 수동적으로 도와주면 된다. 결국은 공부는 본인 스스로가 혼자 마음을 먹어야 하는 부분이 있다. 또한 공부를 하다가 계획보다 진도를 못나가서 자신감이나 의욕이 떨어질 때 "그럴 수 있다."라고 격려해 주는 것만으로도 아이가 끝까지 해 보는 데 큰 도움이 될 것이다.

마지막으로 내 학창 시절 한 장면을 소개하고 싶다. 당시 내가 시험을 보고 돌아오면 부모님은 시험을 잘 보고 왔든, 못 보고 왔든 늘 이렇게 말씀하셨다.

"최선을 다했니? 최선을 다했으면 됐다."

지금도 그 장면을 되돌아 생각해 볼 때마다 부모님이 자랑스럽다. 그리고 보면 아이가 자랑하고 싶은 부모님이 되는 것은 생각보다 어려운 일이 아닐 수도 있을 것 같다.

공부에 왕도는 없다

공부는 다이어트와도 같다. 몰라서 안 하는 게 아니기 때문이다. 나의 삶뿐 아니라 많은 사람들의 삶에서 애증의 관계인 다이어트 이야기로 이 챕터를 시작해 보려고 한다.

다이어트에 왕도가 있을까? 어떤 사람은 왕도가 있다고도 하고, 어떤 사람들은 없다고도 하고, 또 어떤 사람은 이 제품을 먹으면 살이 한 달에 5킬로그램이 빠진다고 얘기하기도 한다. 물론 보통 이런 허황된 약속을 하는 사람은 대부분 사기일 가능성이 많다. 그러나 결론적으로는 내가 섭취하는 칼로리보다 더 많은 칼로리를 소비하면, 그리고 그걸 지속하면 살이 빠질 것이다.

이건 누구나 아는 상식이다. 그러나 이 사실을 안다고 해서 내 살이 빠지진 않는다. 그리고 이 사실을 안다고 사람들이 꼭 그런 생활 습관을 지속하는 것도 아니다. 만약 아는 것만으로 살이 빠진다면, 혹은 사람들이 바로 습관을 바꾼다면 이 세상에 많은 헬스 트레이너들과 인스타그램 다이어트 광고가 있을 자리가 없었을 것이다.

이 책을 쓸 때 나도 단순하게 생각했던 것 같다. 가장 최소한의 노력을 들여서 최대한의 성적을 낼 수 있는 벼락치기 공부 방법을 알려 주면, 독자들이 '오, 이거다! 감사합니다' 하면서 바로 실천할 것으로 생각했던 것이다. 하지만 공부는 역시 다이어트 같은 거였다. 알고 있다고 해도 실행하기 위해서는 큰 결심이 필요하다. 그리고 그 결심을 하고도 실제로 하지 않는 사람들을 위해서 학원과 과외가 필요하게 되는 것이었다. 자율적으로 하지 못하니, 타율적으로 해야만 하는 것이었다. 돈을 들여서라도 말이다.

사실 가장 좋은 건 속는 셈 치고 한번 해 보았는데 성적이 오르는 경험이다. 그게 가장 큰 원동력이 된다. 진짜 성적이 오르면 동기부여가 되기 때문이다. 근데 이 방법의 맹점은, 한 번은 해야 한다는 사실이다. 그 한 번이 중요한데, 그건 누가 대신 해 줄 수가 없다.

이 책을 여기까지 읽었을 정도라면 그래도 어느 정도는 성적을 올려보고 싶은 마음과 목표가 있을 거라고 생각한다. 그런 여러분이 첫 시작을 하는 데 도움이 되는 몇 가지 팁을 공유한다.

가장 큰 걸림돌: 나에 대한 불신

우리 부부가 벼락치기 공부법 책을 쓴다고 했을 때 주변 친구들에게 가장 많이 들었던 질문이 무엇일까? 그건 바로 "그런데 너희가 벼락치기 공부법으로 좋은 성적을 거둘 수 있었던 건 그냥 머리가 좋아서 그런 거 아니야?"라는 질문이었다. 우리는 이러한 오해, 혹은 의심이 이 책을 읽은 독자들이 한 번 정말 시도해 보는 데 있어 어쩌면 가장 큰 걸림돌이 될 것이라는 것을 직감했다.

'이미 머리가 좋은 사람이야 평소에 공부를 덜 하고 벼락치기를 해도 좋은 점수를 받겠지만, 나는 아닌데 이걸 한다고 성적이 정말 오르겠어?'라는 생각은 시도하지 않는 것에 대한 좋은 변명이 된다. 다만 연구 결과에 따르면, 지

⚡ 박건형, 수학실력·IQ 큰 연관 없다, 서울신문, 2013.01.01, https://www.seoul.co.kr/news/society/2013/01/01/20130101022015

능과 성적은 예상 외로 상관관계가 적었고, 의외로 다른 요인들의 영향이 더 컸다.

UCLA 대학 연구팀은 독일에 거주하는 초등학교 5학년 학생들 3,520명을 대상으로 고등학교 1학년까지 수학 성적을 추적 관찰한 결과, 첫 측정에서는 지능이 높은 학생들의 성적이 높았으나 학년이 올라갈수록 그 경향은 희미해지고 고등학교 1학년이 되어서는 지능은 거의 의미가 없어졌다고 한다. 대신 가장 성적이 크게 오른 학생들을 조사해보니 IQ가 낮더라도 수학에 흥미가 있거나 수학 공부를 했더니 성적이 오른 '성공 경험'이 있었고, 공부법 역시 성적 향상의 중요한 요소로 확인되었다고 한다.

이 연구 하나로 지능이 성적과 관계 없다는 것을 증명하는 것은 아닐 것이다. 지능이 높고 공부머리 좋다면 분명히 다른 사람보다 더 쉽게 성적을 올릴 개연성이 크다. 그러나 그보다 더 중요한 것은 효과 있는 좋은 공부 방법으로 공부하는지, 공부할 의지가 있는지, 그렇게 공부해서 성적이 오른 경험이 있는지와 같은 지능 외의 요소들이라는 것이다. 우리 부부도 이에 100% 동의하기에 이 책을 썼고, 벼락치기 공부법이 이 모든 것을 여러분에게 줄 수 있다고 확신한다.

결국 우리가 여러분에게 기대하는 바는 여러분이 이러

니 저러니 해도 속는 셈 치고 한 번 해보았는데 성적이 오르는 경험을 하는 것이다. 그리고 이후로는 그것이 가장 큰 원동력이 될 것이다. 진짜 성적이 오르면 동기부여가 되기 때문이다. 근데 이 방법의 맹점은, 한 번은 스스로 해야한다는 사실이다. 그 한 번이 중요한데, 그건 누가 대신 해 줄 수가 없다.

공부를 '시작'하는 방법

첫 번째, 본인의 현재 상황을 직시한다. 눈 감고 내 지금 성적을 여러분이 원하는 성적과 비교해 보라. 지금 아무것도 바꾸지 않으면 십중팔구 여러분은 지금 성적을 가지고 졸업을 할 것이고 그에 맞는 고등학교 혹은 대학교에 진학하게 될 것이다. 그렇다고 인생이 망하는 것은 아니지만, 인생은 한 번뿐이다. 그게 여러분이 원하는 삶인가?

두 번째, 명확한 목표를 세우고 다른 사람들에게 알린다. '이번 중간고사 때 벼락치기 공부법을 사용하여 전보다 평균 5점은 올리겠다', '점수 상관없이 벼락치기 공부 계획을 세우고 계획한 공부는 꼭 하겠다' 등 구체적인 목표를 세우고 가까운 친구 혹은 가족들에게 알리는 방법이다. 일단 남에게 알리면 나 혼자 생각만 하고 마는 것보다 지킬 가능성이 훨씬 커진다.

세 번째, 혼자 하지 않는다. 친구와 같이 벼락치기 공부 계획을 세우고 서로 계획대로 잘하고 있는지 체크하자고 권하거나, 부모님께 계획대로 하고 있는지 체크해 달라고 도움을 요청한다.

네 번째, 보상을 건다. 전통적인 방법이지만 부모님께 이번 시험에서 성적이 오르면 어떤 보상을 달라고 서로 약속을 받아내면 도움이 된다.

다섯 번째, 공부 환경을 바꾼다. 지금까지 공부하던 곳에서 공부할 마음이 잘 안 생기고, 집중이 안 된다면 환경을 바꾸는 것이 많은 도움이 된다. 독서실이든 스터디 카페든 주변 환경을 바꾸면 마음가짐도 바뀔 수 있어서 행동 변화를 주기에 좋다.

이 팁 중에 한두 개만 시도해 보자. 적어도 이 책을 읽고 좋은 공부법이었구나, 하고 그냥 끝나 버리는 불상사는 생기지 않을 것이다. 이번에 이 책을 읽은 김에 딱 한 번만 시도해 보자. 나중에 돌아보면 이 시간의 당신이 정말 중요한 결심을 했다는 생각을 하게 될 거라 확신한다.

진정한 공부란
무엇인가

공부의 정의

'공부'라는 단어를 들으면 어떤 게 주로 떠오르는가? 나 같은 경우는 학교 수업, 시험, 독서실, 책… 뭐 이런 것들이 생각난다. 우리는 사실 지금까지 공부라고 하면 결국은 학교와 시험, 두 가지밖에 생각하지 못한다. 그리고 사실 그건 당연하다. 왜냐면 우리가 지금까지 봐 왔던 것들이 그것밖에 없기 때문이다. 그러나 내가 생각하는 공부는 사실 좀 더 넓은 의미라고 할 수 있다.

공부의 사전적 정의는 뒤로 하고, 나는 공부란 '내가 새롭게 알고 싶은 지식을 알아가는 과정과 노력'이라고 생각한다. 이렇게 얘기하면 감이 안 오겠지만, 예를 몇 가지 들어보겠다. 만약 잘생긴(혹은 예쁜) 외국인 이성 친구를 만나게 되었다고 해 보자. 그 친구랑 친해지고 싶으면 여러분은 이야기를 하고 싶을 것이고, 그러면 '안녕', '좋아해' 이런 문장들을 어떻게 이야기하는지 알고 싶어서 핸드폰으로 검색해 볼 것이다. 또 서로 이야기하다가 이 친구의 말을 못 알아듣는다면 무슨 뜻인지 알고 싶어서 되물어보게 될 것이다. 이렇게 '외국어'를 '공부'하게 된다.

생각해 보면, 누가 시키지 않았어도 본인이 찾아보고, 읽어 보고, 검색해 보고, 시간을 쏟을 때가 있을 것이다. 예를 들면, 화장을 잘하는 법을 블로그나 유튜브에서 찾아서 보거나, 새로 나오는 자동차의 리뷰 영상을 보거나, 혹은 특정 주제에 대해 나무위키를 찾아보기도 한다. 이런 것들이 다 공부라고 할 수 있다.

진정한 공부란 내가 더 알고 싶은 것들을 찾아가고 습득하는 과정이다. 그게 어떤 것이든 불문하고 말이다. 처음에는 이미 있는 지식들을 내가 습득하고 '주입하는' 과정을 거치게 된다. 어떤 것은 원해서 하기도 하고, 어떤 것들은 (대부분 학교에서 배우는 것들) 원하지 않지만 해야 하는 경우도 있을 것이다.

리오넬 메시는 왜 1년에
1,200억을 버는가?

흥미가 있고 원하는 것들만 공부하고 싶겠지만, 여기서 한 가지 중요한 부분은 내가 공부하는 대상의 '경제적 가치'에 대해서도 꼭 생각해 볼 필요가 있다는 것이다. 경제적 가치란, 사람들이 그것에 대해 돈을 낼 의향이 있느냐 아니냐로 판단할 수 있다.

예를 들어, 연봉을 가장 많이 받는 직업들을 생각해 보자. 전통적으로 '의사'를 생각해 볼 수 있겠다. 의사는 사람의 건강과 몸, 그리고 병들거나 다쳤을 때 어떻게 고치고 개선할 수 있는지에 대해 지식을 가지고 있다. 그렇기에 아프거나 도움이 필요한 사람들이 돈을 내고서라도 그들의 지식의 도움을 받고 싶어 하고, 그렇게 의학은 경제적 가치가 높은 지식으로 분류된다.

또 다른 예로는 운동선수가 있다. 축구선수 리오넬 메시가 2020년 기준 1,200억을 번다고 한다. 내가 가끔 우스갯소리로 얘기하는 게 있는데, 이렇게 공을 잘 차는 리오넬 메시가 만약 고조선 시대에 태어났다면 뭘 하고 있었을까? 아마 동네에서 돌이나 차고 다녔을 것이다. 확실한 건 그땐 이렇게 돈을 많이 벌지는 못했을 것이다. 왜냐하면 그

때는 축구라는 스포츠에 대한 사람들의 관심이 없었기 때문이다. 돈을 들여서 중계를 보고, 표를 사고자 하는 경제적 가치가 없었을 테니 말이다. 그리고 그런 멋진 플레이들을 보고자 하는 '대중의 관심'도 얻지 못했을 것이다. 하지만 지금은 메시에게 그 정도 돈을 주고도 구단과 광고주들이 데리고 있으려고 한다.

나는 여러분이 앞으로 정말 열정과 관심이 있는 분야를 공부하고, 더 파고들었으면 좋겠다. 그건 중·고등학교 시절에도 할 수 있다. 대학 가서는 그런 공부를 할 여유가 조금 더 많이 생길 수도 있을 것이다. 그러나 그런 분야를 찾을 때, 그것의 '경제적 가치', 혹은 '대중적 관심'을 꼭 고려하면 좋겠다.

"사람들이 이것에 돈을 낼 가치를 느낄까?", "많은 사람들이 이것에 관심이 있나?" 이런 질문들을 스스로 해 보면 좋겠다. 지금은 '대중적 관심'도 경제적 가치로 환산되는 시대다. 여러분이 관심과 열정이 있는 분야가 전통적으로 '경제적 가치'가 많다고 생각되지 않아도 대중적 관심이 충분하다고 판단이 된다면 좀 더 파고들어도 좋다.

공부가 좀 더 깊어지면 더 이상 습득할 것이 없어질 때가 있을 수 있다. 이때 우리는 세상에 현존하는 지식의 끝에 와 있다고 볼 수 있다. 주입식 공부는 거기서 끝난다. 그

때부터는 여러분은 새로운 사실을 알아내는 방향으로 공부의 양상이 바뀔 거고, 이게 지식의 지평을 넓히는 '연구'의 길로 들어서게 되는 것이라고 볼 수 있다. 보통은 대학원 등에서 교수나 박사과정을 하면서 논문을 쓰는 사람들이나 새로운 기계 및 제품을 만들어 내는 사람들, 회사의 연구원들, 제약회사의 R&D 센터에서 그런 일들을 한다고 생각한다. 그러나 비싸지 않은 화장품으로 화장을 더 예쁘게 하는 나만의 비법을 알아낸다거나 체중 감량하는 좋은 방법을 알아내는 것 또한 연구의 영역에 들어간다고 할 수 있다.

진정한 공부 얘기를 하다 보니 말이 길어졌지만, 어쨌든 학창 시절 배우는 것들은 우리가 사는 데 어느 정도는 필요한 '상식' 수준에 들어가는 지식이다. '되' '돼' 같은 맞춤법만 하더라도 "뭐 그런 거 좀 몰라도 사는 데 문제 없다."라고 말할 수도 있지만, 여러분의 여자친구나 남자친구가 정떨어질 수도 있는 중요한 문제가 되기도 한다. 포기하고 아예 보지 않은 사람과, 벼락치기라도 해서 한 번이라도 머릿속에 배운 것들을 넣어본 사람은 매우 큰 차이가 나니, 웬만하면 포기하지 말고 중간은 가도록 '벼락치기' 정도는 꼭 하길 추천한다. 그리고 남는 시간에는 본인이 하고 싶은 진정한 '공부'들을 맘껏 하면 좋겠다.

반드시 순서대로
공부할 필요는 없다

시험 한 주 전에 전체를 공부할 때, 보통 학생들은 시험 범위 시작인 1단원부터 공부하곤 한다. 그리고 그 다음 주인 시험 직전 주에도 그렇게 하게 되므로, 가장 앞 단원에서 출제된 문제는 쉽게 알아보지만, 뒤로 갈수록 학습량이 부족하여 자신감이 하락할 수 있다.

따라서 첫 단원이 다음 단원의 기초가 되는 등 꼭 순서대로 공부해야 할 이유가 없는 경우에는 다른 방식으로 보는 게 도움이 될 수 있다. 이때, 중간 단원부터 시작해서 '중간 → 끝 → 처음' 순으로 읽어 보는 것도 도움이 된다. 첫 단원은 처음이기 때문에 마지막 주에 가장 먼저 보게 되어 시간 할애가 될 것이고, 마지막 단원은 가장 최근에 진도를 나갔기 때문에 어느 정도 기억이 남아 있을 수 있으나, 중간 단원은 가장 휘발성이 높을 수 있기 때문이다.

본문에서 각 단원의 목차를 먼저 보고 흐름을 짚어가

면서 보는 것이 이해에 도움이 된다고 이야기했다. 이때 별표 등 출제가 유력한 부분을 먼저 훑어보고, 다음으로 전체를 읽는다. 만일 친구와 내 필기가 겹치는 부분이 많지 않다면, 각자의 필기에만 있는 부분도 함께 먼저 눈에 익히듯 보아 두면 도움이 된다. 계획과 달리 다 보지 못한 경우에도 남은 단원들을 아예 보지 않고 책을 덮기보다는 별표를 해 둔 부분만이라도(이때 시간이 지체되지 않도록 주의해야 한다) 보고 넘어가는 것이 다음 공부하는 데 큰 도움이 될 것이다.

벼락치기 체크리스트

☐ 공부에서 '성공 경험'을 가져본 적이 있는가? 없다면 이러한 경험의 중요성을 이해하고 있는가?

☐ 합격하고 싶은 시험, 혹은 대학이 있는가? 있다면 본인의 현재 성적과 평균 합격 성적을 비교해 보자. 얼마나 차이가 나는가?

☐ 명확하고 구체적인 공부 목표를 세워 가까운 사람에게 알렸는가?

☐ 하고 싶은 일을 하기 위해 최선을 다해 공부할 마음의 준비가 되었는가?

☐ 내가 진정 공부해 보고 싶은 분야가 있는지 생각해 보았는가?

6장

3분 만에
점수 올리는
시험 공부법

3분 만에 보는
수능 공부법

수능 공부는 '젠가'다

'젠가'는 블록을 하나하나 돌아가면서 빼면서 블록 타워를 무너뜨린 사람이 지는 게임이다. 이 게임을 해 본 사람은 알겠지만 어느 정도 게임 진행이 되면 블록이 많이 빠져 듬성듬성 비어 있는 부분들이 많아지고 위태로운 상황이 된다. 이런 블록 타워를 국·영·수·사·과 수능 하나하나의 과목이라고 생각해 보자. 쌓여 있는 나무 블록 사이 비어 있는 부분들이 내가 모르고, 틀리는 부분이라고 생각하면 된다. 군데군데 비어 위태로운 타워의 모습이 수능 공부를 처음 시작할 때 나의 상태다. 수능 공부란 시험까지 남은 시간 동안 각 과목들을 하나의 완전한 타워로 만들 때까지 채워 나가는 것이다. 여러분이 고등학교 1학년이든, 3학년이든 상관 없다. '빈 부분'을 찾아서 '채우는' 걸 '반복'하는 것이다.

어디가 비었는가?

수능 공부에서도 역시나 효율성이 가장 중요하다. 그러려면 빈 곳만 정확하게 파악해서 거기만 집중적으로 파헤쳐야 한다. 그건 본인만 찾을 수 있다. 학원에서는 여러분이 어디가 비었는지를 알려 주지 않는다. 여러 학생을 대상으로 공부를 가르치기에 전체적으로 가르쳐 줄 수밖에 없기 때문이다. 그 결과, 내가 이미 알아서 안 들어도 되는 것도 내가 약한 부분과 같은 시간을 투자하며 듣게 된다. 한정된 돈과 시간을 바보같이 쓰는 것이라고 볼 수 있다. 정말 많은 친구들이 내가 어디가 비었는지 모르는 채 공부를 하고 있다. 어느 정도 알고 있다고 해도 '어디가 약한 것 같다'는 느낌만 있을 뿐이다. 정확히 알아야 집중을 할 수 있는데도 말이다. 그럼 긴말하지 않고 빈 곳 진단법을 알려 주겠다.

① 과목별 모의고사 모음집 하나를 산다. 보통 한 권에 5~7회의 모의고사가 있을 것이다.

② 실제로 수능 보는 것처럼 시간을 재면서 푼다. 시간 땡 하면 덮고, 모르는 건 찍는 등 실전처럼 푼다.

③ 끝나고 채점을 한다. '틀린 문제', '찍은 문제', '아리까리했는데 운 좋게 맞힌 문제'를 모두 체크해 놓는다.

④ 문제집 하나를 다 푼다. 7회라고 치면 이틀에 1회를 풀면 2주 정도에 걸쳐 풀 수 있다.

⑤ 다 풀었으면 위 세 종류(틀린·찍은·아리까리했는데 운 좋게 맞힌 문제)의 문제들 개수를 세서 유형이나 단원에 맞춰 정렬을 한다. 아래 예시는 국어에서 '틀린 문제' 개수를 정리한 것이다. 다른 종류도 개수를 세서 정렬하면 된다.

현대시	18
고전시가	25
현대 소설	8
고전 산문	11
극/수필	9
인문	3
사회	4

과학	14
기술	11
예술	7
화법	5
작문	13
문법	13
문화	4

⑥ 틀린 문제가 가장 많은 순으로 공부 우선순위인 '유형' 및 '단원'을 찾는다. 표를 보면 문학에서는 고전시가, 현대시/ 현대 비문학에서는 과학, 기술/ 그리고 작문, 문법이 취약함을 알 수 있다.

틀린 문제들을 나눌 때 중요한 것은 과목의 유형대로 나누어야 한다는 것이다. 과목에는 유형 중심과목이 있고, 단원 중심과목이 있다. 과목을 분류해 놓은 기준을 보자.

▶ 유형 중심과목: 국어, 영어, 제2외국어
▶ 단원 중심과목: 수학, 사탐, 과탐, 한국사 등

틀린 문제 분석 시 그에 맞춰서 분석하면 되는데, 과목별로 어떤 유형 또는 단원이 있는지는 수능 문제집이나 참고서의 목차를 참고하면 된다. 예를 들면 국어는 독서, 문학, 언어와 매체, 화법과 작문 등이다.

빈 부분을 채우는 방법

약한 부분을 알게 되면 그다음에는 왠지 공부 의욕이 더 생긴다. '이것만 잡으면 점수가 오르겠구나!'라는 생각이 들기 때문이다. 그럼 지체하지 말고 빈 곳을 채우는 법을 바로 알아보자.

① 유형이면 유형별 문제집, 아니면 단원별 문제집을 산다. 위에 이야기한 수능 특강처럼 유형별로 나뉘어있는 문제집이나, 혹은 '고전 시가 완전정복' 이런 제목의 문제집을 구매한다.

② 내가 취약한 단원 혹은 유형 부분의 문제를 집중해서 푼다. 다른 단원들은 넘어가고, 우선순위에 따라서 그 부분만 풀어본다.

③ 어느 정도 채워졌다고 생각하면 다시 모의고사 3회 정도 풀고, 이를 분석해서 다시 우선순위를 정한다.

다시 모의고사를 풀어 봤을 때 취약했던 부분의 오답 개수가 줄어드는 쾌감을 느낄 수 있다. 이런 방법을 통해 5등급을 4등급으로, 4등급에서 3등급, 또 2등급으로 올라가는 것이 보이면 학원 가는 시간이 오히려 아까워지기 시작한다. 내가 학원을 거의 안 다니고 공부한 이유기도 하다. 거기 가서 앉아 있을 시간이 없기 때문이다.

당연히 학원이 늘 나쁜 건 아니다. 내가 필요한 것을 명확하게 안다는 전제하에 그 부분을 더 효율적으로 채우기 위해 도움을 받는다면 그 선택은 좋은 선택이라 할 수 있다. 앞서 이야기했듯이 나도 사회탐구의 경우 고등학교 3학년 여름방학 때 특강을 들었던 적이 있었다. 당시 사회탐구에는 거의 손을 못 대서 백지상태였기 때문에 방학 기간에 한 번에 집중해서 끝내는 게 더 효율적이라고 판단했기 때문이다. 결국 여러분 자신이 각자의 공부 상태를 가장 잘 아니까, 여러분이 가장 효율적이라고 생각하는 대로 하면 된다.

반복, 또 반복한다

지금까지 빈 곳을 진단하고 채우기를 배웠다. 이제 그걸 계속 반복하면 된다. 언제까지? 목표 점수에 다다를 때까지! 다만 벼락치기 때부터 강조하듯이, 시험 공부는 효율적 시간 배분이 가장 중요하다.

우선 큰 그림을 그려 보자. 나는 1년을 잡고 공부했기 때문에 기간을 크게 나눠 강조 부분을 표시해 보면 다음과 같았다. 각자의 상황이 다르니 참고만 하길 바란다.

- ▶ 고등학교 3학년 초반~여름방학 전: 국·영·수만 공부, 분석(진단)/채우기 반복
- ▶ 여름방학: 사탐(과탐) 중심 공부, 국·영·수 양 줄임, 수시 자소서 등 준비
- ▶ 여름방학 후~수능까지: 다시 국·영·수 중심, 사탐은 계속함, 실전 모의고사 풀기 반복

공부할 때 알면 좋을 것들

❶ 모의고사는 꾸준히 푼다.

모의고사를 풀 때는 시간을 꼭 재고, 모르는 건 찍기도 하면서 진짜 실전처럼 풀어야 한다. 시간은 5분, 10분 더 빠르게 잡고 푸는데, 예를 들면 70분짜리 영어를 65분으로 놓고 푸는 것이다. 이렇게 준비해 두면 실전에서 상대적으로 시간적 여유를 가질 수 있다. 마치 달리기 연습 때 모래주머니를 차고 달리다가 실전에서 풀고 뛰는 것과 비슷하다고 생각하면 된다. 고등학교 3학년 여름방학이 지나고

나서는 따로 문제집을 사서 채우기보다 모의고사를 계속 풀면서 틀리는 문제만 공부하는 식으로 하는 게 더 효율적이다.

❷ 중간중간 잘 쉬고 노는 게 중요하다.

잘 쉬어야 지치지 않는다. 나 또한 고등학교 3학년 시절 평일에는 12시, 1시까지 독서실에서 공부했지만, 일요일은 교회에도 가며 쉬었다. 중간중간 쉬어야 오래 할 수 있다. 그리고 가끔 공부가 정말 하기 싫을 때가 올 텐데, 그럴 때는 그냥 다 놓고 쉬는 것도 방법이다. 그러면 어느 순간 '이래도 되나?'라는 생각이 들게 된다. 그러면 그때 다시 공부하면 된다.

❸ 목표는 정해 놓는 것이 중요하다, 야심 차게.

어느 누가 앞으로 뭐하고 싶은지 확실히 알 수 있겠는가. 서른이 훌쩍 넘은 나도 잘 모른다. 그러나 목표가 없으면 집중하지 못하고 방향을 못 잡는다. 그러니 대략적으로라도 어떤 전공을 하고 싶은지, 어떤 학교가 그 전공으로 유명한지 고등학교 3학년 초기에 찾아보는 게 좋다. 3~4개 정도의 학교를 찾았으면, 그 대학의 입학처 홈페이지에 접속해서 지난해 입학생 내신·수능 평균 등급 등을 찾아본다. 내가 얼마나 올려야 하는지 대략 감을 잡을 수 있을 것이다.

목표는 '무리지 않을까?' 싶을 정도로 높게 잡아 본다. 100m를 10초에 달리겠다고 목표하고 달려도 15초가 최대일 것이다. 그런데 20초에 달리겠다고 생각하면 20초 혹은 그보다 더 느리게 들어오게 된다. 그게 인간의 본성이다. 그러니 가능할까 싶어도 목표를 높게 잡는 게 결과적으로 내 잠재력을 가장 많이 끌어올리는 방법이다. 나도 고2 마지막 모의고사 때 3~4등급 정도였지만, 그래도 목표를 고려대 심리학과로 잡았다(그리고 고대 심리학과에 합격했다!). 물론 극단적인 예시라고 볼 수도 있지만, 목표의 중요성을 보여 주는 예라고도 할 수 있겠다.

공부는 점수가 오르면 재미있다. 여러분의 현재 젠가가 어떤 상태든 그저 하나하나 집어넣고 쌓아 가면 된다. 젠가는 여러분을 배신하지 않는다. 이쯤 하면 3분이 지났을 것 같다. 더 얘기하면 눈만 아프니 여기에서 마치도록 하겠다.

3분 만에 보는 토익 공부법

토익, 왜 해야 하는가?

구글에서 '토익 공부법'을 검색하면 최근까지도 가장 상단에 노출되었던 나의 블로그 글을 소개해 볼까 한다. 사실 중·고등학생 때 토익 공부를 하는 사람들이 많진 않을 것이다. 그러나 대학만 들어가도 토익을 요구하는 곳이 생각보다 많다는 사실을 알게 된다. 알바까진 아니더라도 교환학생, 워킹홀리데이나 인턴, 나중에 취직 준비를 할 때도 아직까지는 토익과 같은 어학 점수를 요구하는 곳이 많다.

토익도 공부 방법은 간단해서 혼자 할 수 있다. 990 만점은 아니더라도 7~800, 900점까지는 그렇다. 그런데도 토익 관련 책이나 학원, 인강이 많은 건 그게 다 돈벌이가 되기 때문이다. 나는 돈 안 받고 딱 기본만 알려 줄 테니, 한번 따라해 보면 좋겠다. 이미 900점인데 990점 만들겠다면 여기서 책을 덮으면 되고, '800점대까지만 올리겠다'는 마음이라면 3분만 투자해서 글을 다 읽어 보자. 이 글을 읽고 실제로 해 본 분들 중에 700점 초반에서 800점대로 100점 가까이 오른 분도 있다고 하니 믿고 해 보자.

우선 알아 둘 점은 토익은 영어 공부가 아니라 시험 공부다. 가끔 토익 준비한다고 휴학한다는 동생들이 있었다. 한 학기 집중해서 영어도 공부하고, 토익 점수도 만든다고 했는데, 그건 시간 낭비라고 보면 된다. 일단 토익은 시험, 즉 말 그대로 점수를 올려야 하는 테스트이므로, 단기간에 문제 유형을 파악하고 집중해서 점수를 만드는 게 가장 중요하다.

토익 준비하는 방법

❶ 서점에서 가장 재밌어 보이는 얇은 책 찾기

시험 공부는 문제 풀기가 필수인데, 본격적으로 풀기 전에 그래도 기본 유형이나 요령은 알면 좋기 때문이다. 일종의 예고편으로 보면 된다. 그러니 정리된 자습서 하나 보고, 그 후로는 문제를 계속 푸는 연습이다. 다만 책을 사러 가 보면, 대단한 책이 많을 것이다. 그런 것은 다 지나치고 가장 얇아 보이는 걸 찾으면 된다. 한 2주 정도면 다 풀 수 있는 만만한 걸로 골라보자. 대신 L/C, R/C 다 들어가 있어야 한다. 나뉘어 있다면 한 권씩 골라 사면 된다. 그리고 집에 와서 2~3주 동안 그걸 끝내 버리면 된다. 끝내기 쉬워 보이는 걸 잡아서 빨리 끝내는 것이 전략이다.

❷ 실전 모의고사로 실력 진단하기

한번 훑어봤으면 본격 공부 전, 일단 내가 어느 정도 점수인지 알아야 한다. 그래야 얼마나 열심히 해야 하는지 감이 올 것이다. 동기부여의 기회로 삼을 수도 있고 말이다. 수능 편에서도 얘기했듯이 뭐가 약한지 알아야 그걸 메꿀 수 있으니 우선 모의고사 모음집 사서 3회 정도 시간을 재면서 풀어 본다. 채점하고 나서 틀린/찍은/애매하게 맞힌 문제들을 파트별로 나눠서 세어 보면 어떤 파트가 가장 약한지 알 수 있다. 파트별 문항 수가 정해져 있으니, 오답률을 바로 계산해 보면 된다.

❸ 가장 큰 구멍부터 메꾸기

최악의 구멍을 발견했다면, 다시 서점에 가서 그 유형별 문제집을 사면 된다. 물론 다 풀 필요는 없다. 제일 망한 파트부터 열심히 풀면 된다. 어느 정도 풀었다 싶으면, 다시 모의고사로 돌아가서 실력 테스트를 해 본다. 그럼 그 영역의 점수가 올랐음을 발견하는 동시에 다른 구멍을 발견할 수 있을 터이다. 이제 다시 반복하면 된다.

공부할 때 단어를 어떻게 공부해야 하는지도 고민이 될 거라고 생각한다. 일단 단어는 따로 외우지 않는다. 문제 풀고 나서 틀린 문제를 되짚어 볼 때 해설 보면서 모르는 단어가 나올 텐데, 그걸 보면 된다. 왜냐하면 문제를 풀면서 나왔던 단어라서, 머리에 이 단어 때문에 틀렸다는 인상이 남게 되고, 암기할 때 강렬한 분노의 맥락이 생기기 때문이다. 그래서 더 잘 외워진다.

단어장으로 외우면 그런 맥락이 없다 보니, 실컷 외운 것 같은데 전혀 생각이 안 나기가 쉽다. 아무튼 틀린 문제의 모르는 단어를 몇 번 써 보고 넘어가면 되겠다. 굳이 외울 필요는 없는데, 어차피 첫 번째는 금방 잊을 게 뻔하기 때문이다. 중요한 단어라면 또 나오기 마련이므로 그 때를 기약하자. 그렇지 않은 단어들도 한 번 본 건 '무의식'에 있다가 실전에 나와 주길 간절히 바라면 된다. 우리는 프로 토익러니까.

❹ 시험 볼 때의 요령 몇 가지

이제 3분이 되어 간다. 시험 요령만 갖춰도 점수가 꽤 오를 걸로 예상한다. 우선 L/C(듣기)는 시간 싸움이다. 두 번 생각하면 안 된다. 뒤돌아보는 순간 이미 다음 문제가 끝나 있기 때문이다. 그래서 PART 1·2 꿀팁 하나를 말해 주자면 문제가 나올 때, 1번 관련 얘기할 때 1번에 펜을 대고 있다가 답이 아닌 것 같으면 2번으로 넘긴다. 2번 얘기할 때 답인 것 같으면 펜을 2번에 멈추고 3번 듣는다. 3번이 아니다 싶으면 2번에 계속 머문다. 4번도 아니다 싶으면 바로 2번을 답으로 마킹하면 된다. 4번이다 싶으면 4번으로 바로 펜 옮겨서 4번을 마킹한다.

이러면 앞에 번호가 뭐였는지 기억 안 하고 있어도 된다. 그냥 동물적으로 마지막에 펜이 가 있는 번호를 찍으면 된다. 망설이면 진다. PART 3·4는 다른 것보다 문제가 나오기 전에 어떤 내용인지 읽어 놓는 게 중요하다. 이건 풀어 보면 감이 올 것이다.

R/C 역시 여느 시험과 마찬가지로 시간 관리가 중요하다. L/C는 그냥 알아서 넘어가 주니 괜찮은데, R/C는 수험생이 관리해야 한다. 일단 R/C 제한 시간 75분에 100문

제다. 즉, 문제당 1분이 안 나온다. 그러니 PART 5·6의 50문제는 문제당 30초에 풀어야 한다. 20초 뚫어지게 보다가 모르겠다 싶으면 10초 동안 뭐 찍을지 고민하고 찍고 다음 문제로 넘어가면 된다. 그렇게 관리를 하면, PART 7·8에 가서는 문제당 1분을 투자할 수 있다. 이것도 지문에 딸린 문제 수에 따라 3, 4분으로 배분할 테니 문제 풀면서 찍고 넘어갈 감을 잡으면 된다.

답 마킹은 시간 많지 않으니 대강 확실한 건 바로바로 마킹해야 한다.

사실 너무 반복해서 미안할 정도이긴 한데, 토플이든 텝스든 공무원 시험이든 TOPIK(한국어시험)이든 기본 공부법은 다 비슷하다.

"약점을 찾고, 빈 곳을 채워라."

괜히 학원 다니면서 돈 많이 쓰지 말고 원하는 점수를 만들기를 바라는 마음에 글을 써 보았다. 건투를 빈다.

3분 만에 보는
영어회화 공부법

    '토익 공부법' 글이 구글 신의 간택을(?) 받아 '토익 공부법' 키워드의 맨 첫 번째 검색 결과에 오른 것도 꽤 오랜 시간이 지났다. 꾸준히 많은 분들이 그 글을 조회하였고, 그중에서는 시험 공부뿐 아니라 내가 생각하는 '진짜 영어 공부'에 대해서 문의해 주시는 분들이 있었다.

    그리하여 '꼭 영어를 마스터하겠다!' '프리 토킹을 하리라!' 라고 결심하는 독자분이 있다면, 여러분을 위해서 내가 생각하는 최선의 영어 공부 방법을 공개하고자 한다. 사실 예전부터 '영어를 잘하는 방법'에 대해서 글을 쓰려고 생각했다. 가장 큰 이유는 많은 사람들이 영어 공부에 쓸데없이 엄청나게 많은 돈을 쓰는 것이 개인적으로 너무 안타

까웠기 때문이다.

　통계적으로 보면 한국인 사교육 지출 규모 1위는 역시나 '영어'로, 2019년 기준 6조 원을 넘게 썼다고 한다.[*] 그러나 세계 최고 수준의 영어 사교육 지출 규모에 비해 우리 국민의 영어 실력은 2023년 기준 113개국 중 49위로 말레이시아(25위)나 파라과이(45위) 등의 나라들 보다 후순위로 보통 수준을 아직 넘어서지 못하고 있는 것이 현실이다.[**] 요즘 워낙 영어 회화 서비스들이 많고 AI 튜터다 뭐다 SNS 광고도 많이 해서 우리를 유혹하지만 보통 회화는 수강료가 비싸다. 도움이야 분명 되겠지만 가뜩이나 요즘 주머니 사정 어려운데 굳이 그 정도 비싼 돈을 지불하기 전에 공짜로 영어 실력을 키울 수 있는 방법이 있으니 속는 셈 치고 내가 이야기하는 공부 방법을 먼저 들어 보고 나서 결정하길 바란다.

[*]　L. Yoon, Spending on private education South Korea 2022, by subject, 2023.09.05, https://www.statista.com/statistics/1042882/south-korea-total-spending-for-private-education-by-subject/

[**]　허서윤, 한국 영어 실력 세계 27위, 매일경제, 2016.08.17, https://www.mk.co.kr/news/society/7468475

'찐' 영어 실력이란?

먼저 짚고 넘어가자면, 영어 '시험' 공부와 '영어 공부'는 다른 말이다.

▶ 영어 시험 공부 = 토익, 토플, 토익스피킹, 토플 등 시험 점수를 잘 받는 법을 익히는 공부
▶ 영어 공부 = 영어를 실생활에서 잘 활용할 수 있도록 연습하는 공부 = 영어 회화

우리는 초·중·고를 다니면서 영어를 10년 이상 배우지만, 영어 시험 성적을 잘 받는 데만 집중해서 공부해 왔다. 따라서 우리는 '시험 보는 스킬'을 늘리는 데 집중했기 때문에, 실제로 영어를 사용해서 외국인과 이야기하는 회화에는 어려움을 느끼는 경우가 많다. 그래서 실제로 여러분이 길에서 외국인을 만나면 말을 더듬고 눈을 피하게 되는 것이다.

그렇다면, '찐' 영어 실력은 무엇인가? 친구들 혹은 다른 외국 사람들과 큰 문제없이 영어로 일하고 웃고 떠들 수 있다면 '찐' 영어 실력을 가졌다고 볼 수 있고, 그 정도가 되는 게 우리의 목표다.

근데 이렇게 얘기하면 그 정도가 되는 건 정말 어려워 보일 것이다. 왠지 나는 언어 감각이 없어서 안 될 것 같다는 생각도 들고, 단어도 많이 모르고, 토익 점수도 그다지 높지 않은 점들을 보면 영어 공부는 시간 낭비인가 싶은 생각이 들 수도 있다.

그러나 그런 걱정은 하지 말자. 미국 4살 어린애도 우리보다 아는 단어는 적을 수 있다. 그러나 적어도 찐 영어(말하기 듣기)는 더 잘한다! 그러니 걱정은 접어 두고 우선 우리가 가장 언어 공부를 열심히 했던 시절을 돌이켜 보자.

지금 한국말을 하고 있다면 영어도 잘할 수 있다

여러분이 지금 이 글을 읽고 있다면 여러분은 아주 한국어를 잘하는 사람이라고 봐도 무방할 것이다. 그렇다면 여러분은 기본적인 언어 능력이 있고, 그 말은 영어도 잘할 수 있다는 뜻이다.

우리는 보통 한국어를 습득하는 것과 영어를 습득하는 건 다르게 해야 한다고 생각하는 경향이 있다. 그래서 영어를 잘하려면 무슨 비법이나 좋은 학원, 선생님 등을 찾아야 하는 것으로 생각하곤 한다. 그러나 그건 큰 오해다.

한국어든 영어든, 언어이기 때문에 습득하는 기본 원리는 똑같다. 따라서 우리가 아기였을 때, 처음 엄마 아빠를 발음했을 때, 말문이 트이기 시작했을 때처럼 그대로 습득하면 된다. 어렵지 않다. 질문 하나 해 보자.

혹시 여러분들 중 아기 때 책을 읽고 '엄마' '아빠'를 말문 트인 사람 있는가? 아니면 말문이 트이기 위해 비싼 강의를 들었는가? 아니다. 여러분의 어머니께서 분명 수백 번 "엄마야 엄마~"하며 여러분에게 엄마라는 단어를 들려주었기 때문에 처음 엄마라는 말을 할 수 있었던 것이다. 옹알이를 하고, 이런저런 말을 하기까지는 첫 몇 년 동안의 엄마와 아빠, 할머니와 할아버지, 주변 사람들, 어린이집 선생님, TV 소리 등 많은 한국말의 오디오 인풋(Audio Input)이 있었다. 그것이 쌓이고 쌓여 뇌에 축적이 되었다가 어느 순간 말로 나오게 되었던 것이다.

물론 현재 뇌는 어린아이의 뇌처럼 완전히 말랑말랑하진 않을 것이다. 우리는 이미 모국어 습득 시기를 지나 외국어로서 영어를 공부할 것이기 때문에 당연히 시간은 좀 더 걸릴 수 있지만, 어쨌든 영어를 학습하는 기본 메커니즘은 한국어를 습득하는 방법과 같다. 미국 4살짜리 애가 우리보다 언어 능력이 특출 나서 영어를 잘하는 게 아니라 영어 문장 축적이 많이 되었다는 것이다.

리스닝: 계속 들어라,
아기 때 계속 들었던 것처럼

앞에서 입력(Input)이 많이 되어서 여러분의 머리에 많이 축적되는 게 중요하다고 했다. 찐 영어를 잘하기 위해선 영어를 많이 듣는 게 중요하다. 인풋을 쌓는 것에는 다른 비법이 없다. 절대적 시간, 절대적 인풋을 많이 쌓는 것밖에 없다.

근데 대부분의 사람들은 '올해는 영어 공부를 빡세게 할 거야' 라면서 너무 몸에 힘을 주고 영어 공부를 시작해서 다 망한다. 절대 그러지 않길 바란다. 가장 중요한 건 영어 공부가 부담이 되지 않고 재밌어야 한다. 그래서 공부한다는 생각이 최대한 안 들어야 된다. 그러려면 '영어 공부한다'가 아니라 '재미있는 콘텐츠를 영어로 보는 습관을 들인다'고 생각하는 게 좋다.

만약 농구를 좋아하면? NBA를 영어로 들으면 된다. 만약 디즈니를 좋아한다? 영어로 라푼젤을 보면 된다. 만약 롤(리그 오브 레전드)을 좋아한다? 레전드 매치를 외국 롤

중계 버전으로 찾아보면 된다. 넷플릭스 보는 것을 좋아한다? 영어로 미드를 보면 된다. 해리포터를 좋아한다? 해리포터 영어 오디오북 버전으로 다시 정주행하면 된다.

좋아하는 콘텐츠가 없다고? 혹시 여러분 중 유튜브 안 보는 사람 있는가? 누구든 좋아하는 콘텐츠, 관심사가 없을 수가 없다. 그리고 그 콘텐츠의 영어 콘텐츠도 없을 수가 없다. 콘텐츠는 정말 넘치도록 있다. 그러니 충분히 할 수 있다.

근데 가장 큰 장애물은 처음 영어로 들으면 사실 잘 안 들린다는 사실이다. 보통 처음 영어로 듣기 시작하면, 전체의 10~20% 정도 알아들을 수 있을 것이다. 그럼 당연히 답답하고 재미가 없다. 그럼 자막 넣고 보면 좋지 않을까?

현실에서 지나가던 외국인이 말 걸면 자막이 밑에 나오는가? 아니지 않은가? 결국은 자막 없이 봐야만 한다. 그렇지만 50% 이상 못 알아들으면 무슨 말인지 이해가 안 되기 때문에 재미가 없다. 보통 여기쯤에서 중도 포기하는데 그러면 안 된다. 그래서 강력하게 추천하는 방법은 다음과 같다.

① 원래 이미 내용을 아는 드라마나 영화 등을 영어로 보기
② 처음 보는 경우, 자막을 넣고 우선 한 번 보고, 그 후에 전

체 내용을 아는 상태에서 자막 없이 한 번 더 보기

전체적인 내용을 이미 알고 있으면 맥락을 알기 때문에 영어로만 들어도 30~40%는 들리게 된다. 그리고 내용을 알기 때문에 그 정도만 들려도 나머지는 감으로 때려 맞히며 '이런 얘기를 하는 거겠구나'라고 이해하면서 들을 수가 있다. 그러면 이제 좀 더 재밌어진다. 그리고 이렇게 계속하다 보면 처음에는 10~20%만 들리던 게 점점 25, 30, 40, 50% 이상으로 높아진다.

이 방법은 분명 어느 정도 시간이 걸리긴 할 것이다. 그래도 손해는 아닌 것이, 돈이 들지 않고, 내가 원래 좋아하는 콘텐츠라 그냥 놔둬도 봤을 것이기 때문이다. 그러니 여러분들이 애기 때 아무 말도 못 하고 몇 년을 듣기만 하던 시절을 생각하며 계속 유튜브와 넷플릭스를 즐기면 된다, 조급해하지 말자.

참고로 내가 하는 루틴을 소개한다. 개인적으로 정치·경제·사회·문화 전반과 비즈니스에 관심 많고, 기독교인이기 때문에 다음과 같은 콘텐츠를 본다.

▶ 팟캐스트: How I Built This?(창업가들을 인터뷰하는 팟캐스트.),

The Masters of Scale(링크드인 창업자의 스타트업 성장에 관한 조언들)

▶ 유튜브: The Daily Show, The Late Night Show 등 정치 코미디 데일리 쇼

▶ 넷플릭스: 다큐멘터리 등은 자막 없이 본다. 드라마는 자막으로 보는 게 재미있긴 하지만, 두 번 이상 본다면 자막 없이 본다.

▶ 오디오 영어 성경: 전체 스토리를 이미 알아서 영어 공부 초반에 큰 도움이 되었다.

▶ Audible(영어 오디오북): 일론 머스크와 나이키의 창업자 스토리 오디오북이다. 재밌긴 했는데, 구독료가 비싼 편이라 신중히 선택하도록 하자.

이 외에도 많다. 여러분들은 나랑은 분명 다른 관심사를 가지고 있을 것이기 때문에 위의 리스트는 참고만 하고, 각자 원하는 걸 찾아서 보고 들으면 된다. 여기서 리딩(Reading)은 따로 얘기하지는 않았지만, 리딩도 똑같이 인풋이 된다. 많이 읽는 것도 많이 듣는 것처럼 도움이 되지만, 그중 오디오 인풋이 회화에는 더 직접적인 도움이 된다. 그럼 영어 울렁증의 가장 큰 적, 스피킹(Speaking)으로 넘어가 보자!

스피킹: 말해라, 지금 한국어를 하는 것처럼

스피킹에서 가장 중요한 게 뭘까? 유창한 발음? 유려한 단어 선택? 다 중요하지만 가장 중요한 건 바로, 실제로 말을 하는 것이다.

우리가 앞에서 얘기한 리스닝 방법대로 많이 들어서 영어 오디오 인풋이 많이 들어왔다면, 여러분의 머릿속에는 여러 표현과 많은 문장들이 이미 들어와 있을 것이다. 이런 표현들이 비슷한 상황에서 자연스럽게 생각이 나서 얘기를 하게 되는 것이다.

참고로 많이들 하는 오해가 있어서 꼭 짚고 넘어가고 싶은 게 있다. 영어 공부 관심 있는 사람들이 보통 영어 회화 유튜브 채널 등에서 콘텐츠를 찾아보게 되는데, 그러면 영어 콘텐츠들이 많이 나온다. '이럴 때 쓰는 표현은? 숙어는?' 어떤 표현, 숙어, 문장 하나를 알려 주고 설명해 주고 몇 번 반복하게 시키는 그런 느낌. 익숙하지 않은가?

이런 건 재미로 보는 건 좋은데, 사실 이런 영상을 보고 몇 번 따라 한다고 해서 실제로 그 상황이 닥쳤을 때 그 말이 나오지는 않는다. 이미 영어로 말하는 데 문제가 없는 사람이 영어의 다양한 표현을 알기 위해 본다면 도움이 되겠지만, 아직 말이 잘 안 나오는 이들에게는 시간 낭비가 될 가능성이 더 크다. 다시 한번 말하지만, 많이 반복적으로 영어를 들었기 때문에 어느새 쌓여서 나오는 것이다. 그럼 다시 본론으로 돌아와서, 스피킹을 잘하려면 첫 번째로 중요한 포인트는 영어로, 많이, 이야기하는 것이다. 근데 영어로 얘기할 기회가 잘 없다.

우리가 만약 영미권 국가에서 산다고 한다면 늘 얘기할 기회가 있고, 또 주변에서 가만히 있어도 인풋을 (강제로) 넣어 줄 것이기 때문에 영어 실력이 늘 수밖에 없다. 그러나 우리는 한국에서 살고 있다. 특별한 상황이 아니라면 한국에서 영어로 얘기할 기회가 흔치 않은 것은 당연하다. 그럼 어떻게 해야 할까? 기회가 없으면 만들어야 한다. 영어로 말할 기회를 만들려면 어떻게든 만들 수 있다. 몇 가지 예를 들면 다음과 같을 것이다.

▸ 외국인 친구 만들기(교환학생(버디)/밋업(Meetup) 같은 모임 등을 통해)

▸ 영어 말하기 스터디 그룹 참여

▸ 토스트마스터즈(Toastmasters) 같은 모임 참여

▸ 친구나 가족과 영어로 말하는 시간 갖기

▸ 학교의 원어민 선생님께 영어로 말 많이 걸기

나는 대학 시절에 미국으로 교환학생을 다녀왔었다. 이후에 영어로 말할 기회를 한국에서도 계속 가지기 위해서, 교환학생 멘토단 같은 걸 해서 미국 친구랑 버디도 했고, 헬스장에서 만난 외국 친구한테 괜히 말 걸어서 친해지기도 했고(지금도 친구다) 한국 친구들한테 영어로 말 걸어서 욕도 많이 들었다.

나는 지금 외국계 회사에 다니고 있어 계속 영어를 쓸 기회가 충분하긴 하다. 다만 아내의 영어 실력 향상을 위해 매일 주기적으로 '영어 대화 시간'을 정해놓고 영어로 얘기하곤 했다. 결론은 만들려면 어떻게든 만들 수 있다는 것. 그리고 만들어야만 한다는 것이다.

근데 여기서 또 돈으로 해결하려는 사람들이 있다. 전화 영어, 회화 학원, 유료 회화 스터디 모임 등이다. 물론 돈을 써도 상관없거나 개인적인 상황으로 인해 다른 기회를 찾는 것보다 유료 서비스를 통해서 영어를 말할 기회를 얻는 게 훨씬 효율적으로 느껴진다면, 그렇게 하면 된다. 분명 도움이 될 것이다. 그러나 원어민 영어 수업은 저렴하지 않다. 그리고 공짜로 할 수 있는 방법이 많은데 굳이 돈을 써야 할까? 차라리 외국 친구한테 그 돈으로 밥을 사 주면 오히려 더 길게 얘기할 수 있고, 친구도 생기고 좋을 수 있다.

정말 중요한 포인트가 하나 더 있다. 그건 바로 '실전'처럼, 그리고 한국말을 할 때처럼 말해야 한다는 것이다. 실전은 어떤가? 예상치 못하게 갑자기 막 들어온다. 생각할 시간이 없고, 상대방이 나한테 무슨 얘기할지도 듣기 전까지는 모른다. 그리고 듣고 나서는 또 바로 대답을 해 줘야 한다. 어렵다.

근데 재밌는 사실은, 이게 우리가 한국말을 할 때랑 다르지 않다는 것이다. 생각해 보라. 우리는 보통 말할 때 그냥 무작정 시작한다는 사실을 말이다. 가령 친구가 "오늘 뭐 먹고 싶어?"라고 물어보면, 여러분은 "어… 난 돈까스 먹을래!"라고 말할 것이다. '난'이라는 주어를 얘기하고, 뭘 하고 싶은지를 생각해서 '돈까스 먹을래'라는 말을 뒤에 이어서 얘기할 것이다.

"나는 오늘 돈까스가 먹고 싶습니다."라고 전체 문장을 모두 생각하고 난 후에 입을 여는 사람은 없다. 그러나 왠지는 모르지만 영어는 꼭 그렇게 완벽한 문장을 머릿속으로 만든 다음에 이야기하려고 한다. 이게 바로 가장 큰 문제다. 영어를 말할 때 한국말을 하듯이 하지 않는다는 것 말이다.

그렇기에 의식적으로라도 문장을 완벽하게 다 만들지 않고 나오는 대로 얘기를 하기 시작하는 연습을 해야 한다.

문법이 틀리거나 주어 목적어 시제 등이 틀려도 상관없다. 외국인이 "김치…와 된장찌개…은 맛이 있는다!"라고 서툴게 얘기해도 다 알아듣고 좋아하듯이, 상대방도 다들 알아들어 준다. 그렇게라도 계속 이것저것 얘기하고 또 상대방이 말하는 걸 듣고 또 답을 하고 하다 보면 좀 더 많은 이야기를 하게 되면서 실력이 늘게 된다.

아내도 영어 얘기하기 시간 초반에는 말하는 걸 어려워하고, 스트레스를 받아서 보통 내가 80 정도 이야기하면 20 정도를 이야기했다(원래 한국말로 대화하면 아내 80, 나 20 비중). 그러나 그래도 괜찮은 게, 80은 또 듣는 거니까(인풋 쌓는 중) 듣다 보면 또 얘기하고, 그러다 보니 점점 아내가 얘기하는 비중이 늘어나면서 60대 40 정도까지 올라왔다.

얘기하면서 문장을 다 만들지 않고 먼저 생각나는 단어를 얘기하고, 나중에 수습(?)해 나가는 방식(이 느낌이 정말 중요하다)으로 하니 처음엔 느렸던 아내의 말하는 속도도 빨라졌고, 그에 따라서 점점 더 말하는 비중이 늘어났다. 그러니 자연스럽게 스트레스도 덜 받게 되었다.

드디어 결론

세 줄로 요약을 하자면 아래와 같다.

① 우리가 처음 우리말 배울 때처럼 영어도 그렇게 학습해야 한다
② 영어를 많이 듣는 게 시작이고, 그게 쌓이면 말로도 나온다. 영어 공부? NO! 재밌는 콘텐츠 영어로 듣는 습관? YES!
③ 말을 많이 해 봐야 느는데 완벽히 만든 문장을 얘기하는 게 아니라 우리 평소 한국말을 하는 것처럼 생각나는 대로 얘기하면서 수습해야 한다

간단하지 않은가? 자, 그럼 글을 마치기 전에 다시 어린 시절로 돌아가서, 우리가 처음 "엄마!"를 말하고 나서 그 후 4~5년간을 생각해 보자. "엄마, 저건 뭐야? 나비다 나비!" 매일같이 엄마한테 무언가를 물어보고, 듣고 또 물어보고 하는 시간을 매일 매일 수년을 반복했을 것이다. 그 시간이 지금은 잘 기억이 안 나겠지만 사실 우리는 그 시간을 다 겪어 왔고, 그렇게 했기에 지금처럼 유창하게 한국말을 할 수 있는 것이다.

영어도 마찬가지다. 영어를 하다 보면 생각보다는 오랜 시간을 들여야 할 것이다. 왠지 실력 성장도 좀 더딘 것 같을 것이다. 그렇기 때문에 듣는 것도, 말하는 것도 공부를 각 잡고 하려고 하면 할 수가 없다. 포기하게 된다.

그렇기에 최대한 공부가 아닌 것처럼 습관으로 만들고 일상생활처럼 해야 하는 것이다. 그러다 보면 대단한 학원을 비싼 돈을 들여서 다니지 않고서도 어느샌가 우리말을 잘하게 된 것처럼 자연스레 영어에 자신감이 생겨서 지나가는 외국인을 보면 괜히 말 걸고 도와주는 여러분의 모습을 발견하게 될 것이다.

SKY 아내의
한 등급 올려 주는
실전 시험 준비법

앞에서 수능과 토익이라는 대표적인 시험 공부 방법에 대해 소개했다. 그러나 시험공화국답게 그 외에도 시험은 많다. 공무원 시험과 같은 취업 시험부터, 한국사 등 능력 검정시험, 공인중개사 등 전문 자격시험, 그 외 기타 크고 작은 자격증 시험이 있다. 어쩌면 여러분들 중 일부는 이런 시험을 현재 준비중이거나 앞으로 준비하게 될 수도 있을 것이다.

각 시험마다 내용이나 공부량은 다르겠지만, 공통분모가 있다면 어쨌든 '시험을 본다'는 것이다. 이하에서는 이러한 시험을 잘 보기 위해 평소에 어떻게 준비하고 훈련해야하는가에 대한 이야기를 나눠보도록 하겠다. 가장 좋은 방법은 모두가 아는 것처럼 모의고사를 보는 것이다.

모의고사를 보기에 완벽한 환경: 지금

모의고사를 볼 때 중요한 건 실제 시험과 가장 비슷한 조건이어야 한다는 것이다. 특히 마음가짐에서 말이다. 그런 의미에서 독서실에 시계를 갖다 두고 편안한 차림을 하는 등, 모든 준비를 다 마친 후에 차분한 마음으로 모의고사를 보면 연습의 효과를 거두기 어렵다. 왜냐하면 대부분 시험장에서는 책상은 덜컹거리고, 여름에는 에어컨이 너무 가까워서 춥거나 겨울에는 히터가 너무 틀어져 있어 더울 수 있기 때문이다. 때로는 앞 수험생이 다리를 떨기도 하는 곤란한 상황이 벌어지기도 한다.

최근에는 이를 대비하기 위해서 시험장 백색소음을 틀어두고 문제를 풀거나, 여러 가지 소음을 일부러 들으며 문제를 푸는 사람들도 있다. 이는 물론 조용한 독서실보다는 어느 정도 효과를 거둘 수 있을 수 있다. 다만 이 역시 '통제 가능하다'는 점에서 연습으로 보기가 어렵다. 시험장의 돌발 상황은 내가 원하는 대로 끄거나 켤 수 없는 환경이라는 데에 있으니 말이다.

그러나 오히려 모든 조건을 완벽하게 갖추려고 하지만 않으면 충분히 비슷한 심리적 효과를 낳을 수 있다. 특히 모의고사 보기 전에 준비시간을 최소화하는 것이 도움이 된다. 8시에 보기로 계획을 정해 두었으면, 7시 59분에 문제집을 책상 위에 올려 두고, 바로 시작하라. 그러다 보면 시작했는데 시계가 고장이 나서 7분 정도 느리게 가고 있는 걸 발견했다거나, 혹은 샤프심이 떨어졌다거나, 바지가 불편하다거나 하는 상황과 맞닥뜨리게 된다.

계속하라. 마지막 문제를 풀 때까지, 그리고 답안지를 완성할 때까지, 그 불편한 상황과 기분을 감수하고 문제를 풀어라. 처음에는 당연히 본인의 기본 실력보다 낮은 점수를 받게 될 것이다. 그러나 이건 실전에서의 감점을 미리 당겨서 받은 거라고 생각하면 된다. 나중에는 히터가 윙윙거리는 곳에서도 문제를 풀 수 있게 될 테니 말이다.

집중력을 높이는 방법

이번에는 (모의시험이든 실전이든) 시험을 볼 때 집중하는 방법에 대한 훈련을 해 보겠다. 모의시험을 볼 때 집중력을 흐트러뜨리는 요인은 환경적인 것 이외에도 여러 가지가 있다. 문제를 보고는 있지만, 머릿속에서는 친구와의 약속, 저녁에 뭘 먹을까 하는 고민, 갑자기 생각난 웃긴 일화 등 끊임없이 마인드맵이 그려지고 있다.

이를 해결하기 위해 '딴생각 지연하기'라는 방법을 소개하고 싶다. 새로운 생각이 났을 때, 이렇게 생각하는 훈련이다. '이 문제까지만 풀고 나서 생각해야지'. 예를 들어 보자. 지금 지문에 감자가 나왔는데, 저번에 감자를 나눠 주었던 누나 생각이 났다. 그 누나 잘 지내나 연락해 볼까, 라는 생각으로 이어지려고 할 때, '이 문제 끝나고 생각해야지'라고 마음을 먹는 것이다.

대부분의 잡념은 어떤 방향을 가지고 있는 게 아니기 때문에, 특정 결론이 나면 더 이상 뭉게구름으로 이어지지 않는다. 이따가 연락을 한다거나, 연락처를 찾아본다는 등 행동 방침이 결정되면 생각할 필요가 없어지기 때문이다. 그렇게 이 문제를 다 풀고 나면 어떻게 하냐고? 계속 문제를 풀면 된다. 왜냐면 이미 그 생각은 접어졌고, 다시 나오지 않을 테니 말이다.

그러나 이런 훈련이 익숙하지 않은 사람이나, 집중하는 시간이 짧은 사람, 그리고 사실 그 누나를 좋아하던 사람은, 그 문제를 마킹하자마자 다시 그 생각이 떠오를 것이다. 그런 경우에는 10분 내로 잠깐 쉬고 다시 해도 된다.

다만 점차적으로 훈련은 '이 문제만 끝내고'에서 '이 시험지만 끝내고', 끝내는 '오늘의 모의고사만 다 보고'로 지연 시간을 늘리는 방향으로 나아가야만 한다.

여기서 '이 시험지 다 끝내고'가 가능한 사람들부터는, 너무 급한 일이라 카톡 보내고 문제를 마저 푸는 경우에도 시험 시간 카운트는 멈추지 말아야 한다. 실제 시험장에서 잠시 화장실에 다녀오거나 멍 때리는 경우에 버려지는 시간이 어느 정도인지를 실질적으로 보여 주는 체험이 되기 때문이다(숫자로 보면 충격적일 수 있다).

결론은 다음과 같다. 시험장은 우리 맘대로 할 수 있는 환경과는 거리가 멀고, 마음의 소리도 우리 마음대로 할 수 없다. 그러나 그런 상황에서도 시험장의 시계는 계속 가고 있으므로, 평소에 이러한 돌발 상황을 다루는 방법을 익혀 두면 시험장에서도 꿋꿋하게 마지막까지 집중하는 데 도움이 될 것이다. 이 외에 불안한 사람들을 위한 방법도 있으나, 이 부분은 앞서 4장의 행동습관 부분에서 설명했던 부분을 참조하면 된다.

이와 관련된 나의 일화를 소개하고 마무리 지으려 한다. 수능을 보던 날 있었던 일이다. 점심을 먹고 영어시험을 보는데, 갑자기 지문이 읽히지 않기 시작했다. 난독증에 걸린 사람처럼 알파벳이 따로 돌아다니고, 읽히지 않자 갑자기 패닉이 찾아왔다. 가장 쉽다는 첫 번째 지문을 붙잡고 읽어 보려고 노력하다가 어느 순간 시계를 보니 이미 8분 가까이 지난 후였다.

평소 속도대로 읽어도 전체는 다 읽을 수 없다는 생각과 불안이 내 마음을 압도하려던 찰나, 갑자기 이런 마음의 소리가 들려왔다. '이러려고 수시 써났으니까, 이 과목은 망쳐도 괜찮을 거야. 쉬는 시간에 고민하자' 그러고는 다음 지문부터 바로 잘 읽히지는 않았지만, 일단 순간순간 주어진 문제에만 집중하다보니 무사히 마킹까지 마칠 수 있었다. 다행히 채점해 보니 성적은 평소대로 잘 나왔고, 수시는 보러가지 않아도 되었다.

그 순간 내가 그 고민을 붙잡고 몽글몽글 떠오르는 이미지에 집착했다면, 다른 결과가 나왔을 수도 있다. 그러나 이 고민으로 써 버린 시간은 다시 돌아오지 않는다는 것을 평소 모의고사를 보면서 체험해 왔기 때문에, 과감하게 그 생각을 끊어낼 수 있었다.

지금까지 시험을 잘 보는 방법에 대해서 이야기해 보았다. 사실 이외에도 공부를 잘하기 위한 방법론은 엄청나게 많이 있다. 중요한 건, 분명한 목표를 가지고 어떤 방법으로든 꾸준히 연습해 보는 것이다. 모쪼록 앞으로의 시험 결과가 안녕하길 바란다.

부록

벼락치기 다이어리 사용법

벼락치기 공부법을 배웠지만 실제로 혼자서 계획을 세우고 계획에 맞춰 필요한 공부를 해보려고 하면 괜히 막막할 수 있다. 안 해 보던 것을 하는 것이기 때문에 당연하다. 그래서 여러분이 쉽게 시도해 볼 수 있도록 내가 공부하던 방식에 기반하여 여러 가지 템플릿을 준비했다. 어떤 식으로 사용하면 될지를 템플릿과 사용 예시를 함께 보여 주어 여러분이 감을 잡고 사용할 수 있도록 하나하나 알려 주도록 하겠다.

① **시험 정보표**: 이번에 시험을 보는 과목들에 대한 모든 정보를 이 하나의 표에 정리하여 시험 기간 중 빠지는 것 없이 챙

기도록 한다. 크게 목표 부분과 시험 범위 부분으로 나뉘는데 아래에서 자세하게 설명한다.

1) 목표: 목표는 언제나 조금 높게 잡는 것이 더 나은 성과를 거두는 데에 도움이 된다. 또한 적어 두면 동기부여가 된다. 지난번 시험 결과를 기준으로 목표를 잡아 본다.

2) 시험 범위: 이번 시험에 보는 모든 과목을 리스트업하고, 시험 범위와 그 과목의 정보를 함께 적어 나중에 시험 계획 세울 때 참고한다.

   i. **출제 범위:** 시험 범위

   ii. **반영 비율:** 이번 시험 성적이 전체 성적에 반영되는 비율

   iii. **시수:** 수업 시수, 나중에 성적표에 계산될 때 곱해 반영

   iv. **과목 점수:** 해당 과목에 대한 주관적인 기준, 표에 있는 과목 분류 방법 팁 참조

   v. **총점:** 시수×과목 점수로 각 과목의 총점을 구한다. 높을수록 해당 시험 점수가 성적에 미치는 영향이 높은 과목이라 볼 수 있다. 사실 반영 비율도 함께 곱해야 정확한 영향도를 구할 수 있지만, 너무 복잡해지기에 생략한다.

   vi. **등수:** 총점이 높은 순서대로 등수를 매긴다. 후에 계획을 세울 때 각 등수에 따라 계획을 세우면 공부량을 균등하게 배분하는 데 도움이 된다.

② **벼락치기 시간표**: 시험 시간표를 기준으로 2주 전부터 계획을 세운다. '벼락치기 계획 세우기' 챕터의 내용을 기반으로 짜면 되는데, 시험 정보표에서 계산했던 과목당 총점 및 등수를 기반으로 각 주의 과목 조합을 정할 수 있다. 예를 들면 이번 시험에 12과목을 본다고 했을 때 1, 2등 과목은 중요하니 하루를 다 줄 수가 있고, 나머지 5일 동안에 2과목씩 조합으로 나머지 10개 과목을 배치해야 한다. 그때 큰 고민하지 않고 3등-12등, 4등-11등과 같은 식으로 조합을 만들면 전체적으로 공부량이 균등하게 배분될 것이다.

③ **공부 진도 확인표**: 각 과목당 해야 하는 공부 (필기 만들기, 1주차 한 번 읽기, 2주차 요약 노트 만들기, 전날 요약 노트 공부) 각각의 완성도를 완료 후 주관적으로 평가하여 대략적인 그래프로 표시한다. 이를 통해 각 과정의 진행 상황을 한눈에 파악할 수 있고, 그를 수시로 공부 계획에 반영한다.

④ **데일리 스터디 플래너**: 각 날짜의 대략적인 공부 계획을 세우고 가용 시간을 적당하게 배분한다. 필수는 아니고 이런 식으로 계획을 세우는 게 도움이 되는 사람만 하길 권한다.

⑤ **평가 결과 기록표**: 각 학년 당 1·2학기 4번의 시험에 대해서 각 과목 당 점수의 추이를 그래프로 그린다. 점수의 변화를 시각화하여 성취를 눈으로 확인하고, 다음 시험의 목표를 세우는 데 참고한다.

'벼락치기 다이어리' PDF 파일은 아래의 QR 코드로 다운로드하실 수 있습니다.

인쇄용

태블릿용

____학년 ____학기 _____고사

목표

| 평균 | 점 | 석차 전교 | 등 | 반 | 등 | 백분위 | % |

시험 범위

과목	출제 범위	반영 비율	시수	과목 점수	총점	등수
문학	p.36~88	35%	3	3	9	1

Tip. 과목 분류 방법

① 암기 위주의 과목 (1점): 비교적 시간 적게 소요 (예. 중국어, 한문, 체육, 영어회화 등)

② 이해 중간 + 암기 위주의 과목 (2점): 시간이 중간 정도 소요 (예. 경제, 윤리, 지구과학 등)

③ 암기 중간 + 이해 위주의 과목 (3점): 시간이 가장 많이 소요 (예. 문학, 영어, 수학)

_____ 학년 _____ 학기 _____ 고사

목표

평균 _____ 점   석차 전교 _____ 등   반 _____ 등   백분위 _____ %

시험 범위

과목	출제 범위	반영 비율	시수	과목 점수	총점	등수

Tip. 과목 분류 방법

① **암기 위주의 과목 (1점):** 비교적 시간 적게 소요 (예. 중국어, 한문, 체육, 영어회화 등)

② **이해 중간 + 암기 위주의 과목 (2점):** 시간이 중간 정도 소요 (예. 경제, 윤리, 지구과학 등)

③ **암기 중간 + 이해 위주의 과목 (3점):** 시간이 가장 많이 소요 (예. 문학, 영어, 수학)

② 벼락치기 시간표

MON	TUE	WED	THU
1 1주차 영어	2 경제 영어회화	3 수학	4 한문 체육
8 2주차 영어	9 윤리 경제	10 수학 영어회화	11 한문 국어생활
15 시험 1일차 시험시간표 윤리 한문	16 문학 경제	17 수학	18 국어생활 영어회화
22 지구과학 체육	23	24	25
29	30		

FRI	SAT	SUN	MEMO
5 문학	6 중국어 윤리	7 지구과학 국어생활	
12 문학 체육	13 지구과학 중국어	14　시험 전날 윤리 한문	
19 영어 중국어	20	21	
26	27	28	

MON	TUE	WED	THU

부록

FRI	SAT	SUN	MEMO

③ 공부 진도 확인표

과목 __문학__ **1주차** 필기 만들기 　　　　　　　　　**1주차** 한 번 읽기

과목 _____ **1주차** 필기 만들기 　　　　　　　　　**1주차** 한 번 읽기

과목 _____ **1주차** 필기 만들기 　　　　　　　　　**1주차** 한 번 읽기

과목 _____ **1주차** 필기 만들기 　　　　　　　　　**1주차** 한 번 읽기

과목 _____ **1주차** 필기 만들기 　　　　　　　　　**1주차** 한 번 읽기

과목 _____ **1주차** 필기 만들기 　　　　　　　　　**1주차** 한 번 읽기

과목 _____ **1주차** 필기 만들기 　　　　　　　　　**1주차** 한 번 읽기

과목 _____ **1주차** 필기 만들기 　　　　　　　　　**1주차** 한 번 읽기

과목 _____ **1주차** 필기 만들기 　　　　　　　　　**1주차** 한 번 읽기

과목 _____ **1주차** 필기 만들기 　　　　　　　　　**1주차** 한 번 읽기

과목 _____ **1주차** 필기 만들기 　　　　　　　　　**1주차** 한 번 읽기

과목 _____ **1주차** 필기 만들기 　　　　　　　　　**1주차** 한 번 읽기

과목 _____ **1주차** 필기 만들기 　　　　　　　　　**1주차** 한 번 읽기

2주차 요약노트 만들기   **전날** 요약노트 공부

2주차 요약노트 만들기   **전날** 요약노트 공부

2주차 요약노트 만들기   **전날** 요약노트 공부

2주차 요약노트 만들기   **전날** 요약노트 공부

2주차 요약노트 만들기   **전날** 요약노트 공부

2주차 요약노트 만들기   **전날** 요약노트 공부

2주차 요약노트 만들기   **전날** 요약노트 공부

2주차 요약노트 만들기   **전날** 요약노트 공부

2주차 요약노트 만들기   **전날** 요약노트 공부

2주차 요약노트 만들기   **전날** 요약노트 공부

2주차 요약노트 만들기   **전날** 요약노트 공부

2주차 요약노트 만들기   **전날** 요약노트 공부

2주차 요약노트 만들기   **전날** 요약노트 공부

④ 데일리 스터디 플래너

DATE	TODAY'S COMMENT

DATE

———————— / ————— / —————

벽락치기   주   일차

TODAY'S COMMENT

10분 후와 10년 후를 동시에 생각하라.   _피터 드러커

TODAY'S GOAL

영어 완전 정복

TIME PLAN

6							
7							
8							
9							
10							
11							
12							
13							
14							
15							
16							
17							
18							
19							
20							
21							
22							
23							
24							

TO DO LIST

✓ 영어 필기 베끼기

　 영어 한 번 읽기

MEMO

DATE

_____ / ___ / ___

벼락치기　　　주　　　일차

TODAY'S COMMENT

TODAY'S GOAL

TIME PLAN

6					
7					
8					
9					
10					
11					
12					
13					
14					
15					
16					
17					
18					
19					
20					
21					
22					
23					
24					

TO DO LIST

MEMO

DATE	TODAY'S COMMENT

/　　　/

벼락치기　　주　　일차

TIME PLAN

6							
7							
8							
9							
10							
11							
12							
13							
14							
15							
16							
17							
18							
19							
20							
21							
22							
23							
24							

TODAY'S COMMENT

TODAY'S GOAL

TO DO LIST

MEMO

DATE	TODAY'S COMMENT

/   /

벼락치기   주   일차

TODAY'S GOAL

TIME PLAN

6					
7					
8					
9					
10					
11					
12					
13					
14					
15					
16					
17					
18					
19					
20					
21					
22					
23					
24					

TO DO LIST

MEMO

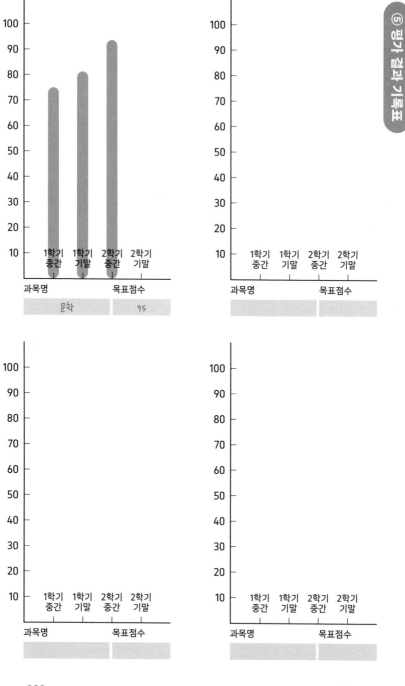

과목명	목표점수
문학	95

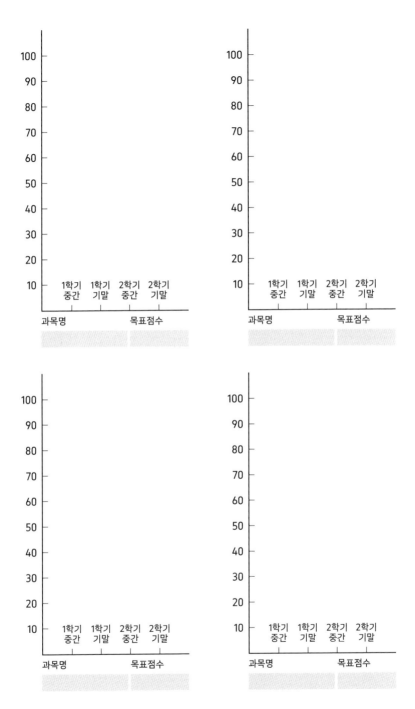

벼락치기, 시작이 반이다

내가 벼락치기 공부법에 대한 글을 쓰기 전, 시장조사 차 광화문 교보문고에 가서 공부법 책이 모여 있는 코너에서 다양한 공부법 책들을 읽어 보았다. 그 당시 교보문고에서 '공부법'을 검색하면 800권 가까이 되는 공부법 책들이 있었는데, 작가분들께는 죄송한 이야기이지만 정말 읽고 싶게 생긴 책을 찾기가 쉽지 않았다. 그래서 그때 내가 공부법에 대한 글을 쓴다면 최대한 쉽고 술술 읽히도록 글을 쓰겠다는 다짐을 했다. 이 다짐은 블로그 글을 쓸 때부터 이렇게 책으로 만들기까지 가장 노력했던 부분이다. 여러분이 이 책의 마지막 챕터인 여기까지 읽었다면 나의 노력이 조금은 통했다고 생각한다. 포기하지 않고 완독해 준

여러분께 고맙다.

벼락치기 공부법 한 페이지 요약

여기까지 읽었으니 벼락치기 공부법에 대해서 지금까지 읽은 내용이 얼마나 여러분의 머릿속에 있는지 잠깐 되돌아보라. 친구에게 벼락치기 공부법에 대해 설명한다고 상상해 보면, 생각보다 잘 생각이 안 날 수 있을 것이다. 따라서 마치기 전에 여러 챕터로 설명했던 벼락치기 공부법 전체를 마지막으로 요약하고 책을 마무리하도록 하겠다.

❶ 벼락치기 공부법이란?

이 책에서 이야기하는 벼락치기는 대부분의 선입견처럼 팽팽 놀다가, 시험 전날에 2시간 공부해서 좋은 성적을 거두는 요행과 같은 방법을 말하는 것이 아니다. 정확하게 표현하자면 '최소한으로 공부하면서 최대한의 성적을 낼 수 있는 극 효율의 시험 준비 방법'이다.

❷ 벼락치기 공부법의 구성

시험 과목에 대한 필기 준비 → 시험 전 2주 간의 벼락치기 계획 세우기 → 시험 D-2주차 전과목 한번씩 보기 → 시험 D-1주차 과목별 나만의 요약 노트 만들기 → 시험 전 날 요약 노트 미완 부분 완성 및 요약 노트 암기 → 시험 당일 시험 전 아침 공부 후 요령껏 시험 보기

❸ 필기 준비 1: 수업 시간에 필기 잘해놓기

공부하는 것이 아니라 나중에 벼락치기할 때 참고할 필기를 만들어 놓는다는 생각으로 선생님 말씀을 다 받아 적는다. 그것이 인쇄물이든, 교과서든, 아니면 노트필기든 상관이 없다. 시험 문제를 내는 출제자의 직강이라고 생각하고 적으면 된다.

❹ 필기 준비 2: 본인 것만으로는 부족하다

공부 잘하는 친구 필기를 빌려 과목별로 베껴 놓는다. 이 과정을 통해 실제 벼락치기에 쓸 공부 자료가 완성된다. 내 필기와 친구 필기는 다른 색의 펜으로 작업한다. 두 사람의 필기 겹치는 부분은 '시험 문제 각'이다.

❺ 벼락치기 계획 세우기: 2주 치 시험 계획표를 공부량에 맞춰 세운다

3주는 길고, 1주는 너무 짧으니, 2주 계획을 세운다. 각 주차에 전 과목을 한 번씩 다 배치하는데, 공부해야 하는 양과 난이도를 고려해서 매일의 가용 시간 대비 공부량이 균일하도록 배치한다. 다음 계획표를 참고하라.

1주차	6/17(수)	18(목)	19(금)	20(토)	21(일)	22(월)	23(화)	
	영어	경제	수학	한문	문학	중국어	지구과학	
		영어회화		체육		윤리	국어생활	
2주차	24(수)	25(목)	26(금)	27(토)	28(일)	29(월)	30(화)	시험 전날
	영어	윤리	수학	한문	문학	지구과학	윤리	
		경제	영어회화	국어생활	체육	중국어	한문	

나의 벼락치기 공부 계획표 예시

❻ D-2주 차: 전 과목을 한 번씩 훑어 본다

세세한 부분까지 정독하여 읽어 보는데, 공부한다는 생각 대신 그냥 책 읽듯 세세하게만 눈에 익혀 둔다. 교과서 구석의 작은 그림까지 슥 봐 둔다. 시험에 잠깐이라도 본 부분이 나오면 무의식적으로 맞힐 가능성이 높아진다.

❼ D-7: 과목마다 나만의 요약 노트 만들기

전날 시험 공부할 때 이것만 봐도 되도록 만들면 된다.

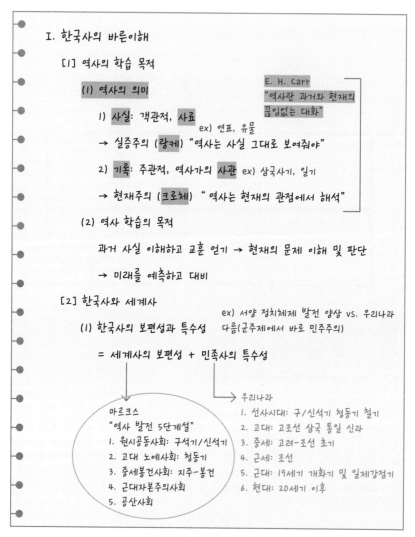

요약 노트 필기 예시

나가며 ⚡ 벼락치기, 시작이 반이다

❽ 시험 전날: 시험 나올 거 잘 골라서, 잘 외운다.

1) 요약 노트 위주로 본다.

2) 한 단원이 끝나고 나면 좀 쉬고, 지금까지 외운 거 기억나는지 테스트를 해 본다. 그리고 다시 진도 나가면 된다. 이 내용을 단원, 범위마다 '반복-테스트' 하면 된다.

3) 근데 시간이 없으면 한 번 다 보는 걸 목표로 달리면 된다.

4) 잠은 무조건 3시간 이상 자도록 한다.

❾ 시험 당일 TIP

1) 좀 일찍 일어나서 요약 노트 한 번씩은 훑어보는 것을 추천한다.

2) 시험 볼 땐 이 순서대로 풀면 된다.
   주관식 - 아는 것 - 애매한 것 - 모르는 것

3) 시험 보고 나선 결과는 확인만 하고 프로답게 잊는다.

4) 머리에서 오늘 공부한 건 다 비우고, 다음날 시험 과목에 집중한다.

이렇게 다시 보니 기억이 다시 새록새록 나지 않는가?

그래서 반복 학습이 중요하다고 내가 이 책에서 내내 얘기했던 것이다. 이제는 이 책을 덮고도 다른 사람에게 벼락치기 공부법에 대해 충분히 설명해 줄 수 있으리라 생각한다.

이 책을 마무리하며

이 책을 마무리하는 과정에서 들었던 여러 생각들을 여러분들과 나누고 싶다. 우선 이 책을 다 읽은 여러분은 어떤 생각이 드는지 궁금하다. 솔직히 어떤 분들은 제목에 낚였다는 기분이 들 수도 있을 것 같아 조금 걱정이 되기도 한다. 벼락치기라고 해서 전날 몇 시간만 공부하고도 점수를 잘 받을 수 있는 비법을 기대했는데 이건 그냥 '찐' 시험 공부인 것 아닌가라고 생각할 수도 있다.

하지만 누구보다 공부하기를 즐거워하지 않고, 계획과는 거리가 먼, MBTI 극 P 성향의 나조차도 2주 간의 시험 공부 기간이 '원하는 만큼의 성적을 얻기 위한 최소한'이라는 것을 반복해서 확인하였다. 그러니 이미 자기만의 확실한 시험 공부 방법을 찾지 못했고, 만족하는 성적에 다다른 것이 아니라면 시험당 2주의 시간을 투자해 보길 바란다.

또 하나 책을 쓰면서 고심했던 것은 이 글을 쓰는 대상이었다. 나는 처음 블로그 글을 썼을 때는 벼락치기 공부법을 알아야만 하는 중·고등학생을 독자로 생각하고 글을 썼다. 그래서 사실 원래는 더 간결하고 짧게 글을 썼고, 여러 웃긴 사진들을 넣어 가며 학생들이 쉽게 읽을 수 있도록 글을 썼다.

다만 글을 책으로 엮기 위해 논의하는 과정에서 공부법 책에 관심을 가지는 독자들은 대부분 학부모라는 점을 알게 되었다. 이에 따라 나는 이 책을 통해 최종 독자인 학생들뿐 아니라 학부모님들에게도 믿음직한 메시지를 전달하고자 노력했다. 그렇게 함으로써 나의 최종 목표인 학생들의 손에 이 책의 내용이 꼭 전해졌으면 했다.

그래서 어떤 때는 학생에게, 어떤 때는 학부모님에게 이야기하는 어색한 부분들이 부득이하게 생기게 되었다. 이로 인해 책의 흐름에 몰입을 방해되는 경우가 있을 것 같아 미안하지만 어쩔 수 없는 차선책이었음을 이해해 주길 바란다. 또한 학부모님들 보시기에 책의 내용이 너무 가볍다고 느껴지신다면 그것은 모두 이 공부법을 실제로 해 보아야 하는 학생들에게 좀 더 부담 없이 다가가기 위함임을 이해해 주시기를 요청드린다. 이제는 아시겠지만, 벼락치기 공부법이 가벼워 보여도 그 효과는 가볍지 않다.

마지막까지 고민한 부분은 '벼락치기 공부법'이 시중

의 그 어떤 공부법보다 압도적으로 적은 공부량을 요구하긴 해도, 아예 공부하지 않던 사람을 공부하게 만드는 것은 쉽지 않다는 사실이다. 그래서 이 책의 모든 부분은 여러분이 한 번이라도 시도해 볼 수 있도록 돕기 위한 나와 아내의 노력으로 이루어졌다. 그리고 독자들에게 가장 쉬운 방법으로 이를 전달하기 위해서 노력했다. 우리는 벼락치기 공부법이 시험 공부의 근본 법칙을 가장 잘 담고 있다는 확신이 있기에 여러분에게 자신 있게 권한다. 한번 하는 것이 어렵다는 사실이 여러분이 시도하지 않아도 되는 좋은 변명으로 쓰이지 않길 바라며, 우리의 노력이 결실을 맺을 수 있길 기대해 본다.

여러분을 성공적인 인생으로 이끌 벼락치기 공부법

마지막으로 여러분들에게 질문해 본다. 여러분들이 이 책을 통해 얻고자 하는 것이 무엇이길래 이 책을 끝까지 읽었는가? 왜 여러분이 벼락치기 공부법을 익혀야 하는가? 일차적으로는 벼락치기 공부법을 통해 여러분은 좋은 성적을 얻을 수 있을 것이고, 그로 인해 입시에 성공해서 여러분이 원하는 좋은 학교에 들어갈 확률을 높일 수 있기 때문이다.

이는 분명 맞는 말이지만, 내 생각에는 반만 맞는 말이다. 물론 한국 사회에서 좋은 학벌을 가지는 것을 통해 얻을 수 있는 후광효과, 그 안에서의 좋은 네트워크 구축 등의 장점들로 인해 여러분이 성공적인 인생을 살 수 있는 확률 또한 높여 주는 것이 사실이다. 그러나 나는 그 이면에 더 중요한 이유가 있다고 생각한다. 그것은 학창 시절에 벼락치기 공부법, 즉 '최소한의 노력으로 최대한의 성과를 거두는 방식'을 익혀 두는 것 자체가 여러분이 앞으로 인생을 성공적으로 이끌어가는 데 큰 도움을 준다는 사실이다.

한 사람이 인생에서 해내야 하는 책임과 역할은 생각보다 다양하다. 학생이어도 여러 과목별로 공부하는 시간과 노력을 배분해야 한다. 고등학교를 졸업해 대학생이 되거나 사회에 나가게 된다면 가족의 일, 친구나 주변 사람을 챙기는 일, 취직하여 일하게 된 직장에서의 역할 등 다양한 역할과 여러 과업이 주어진다.

반면, 이러한 과업 하나하나를 모두 내가 원하는 만큼 진중하게 살펴보거나 연구할 시간적 체력적 여유는 주어지지 않는다. 시간은 언제나 부족하다. 결국 어떤 의미에서는 계속해서 벼락치기를 해야만 하는 상황에 몰린다. 그러니 학창 시절에 최소한의 시간으로 최대의 효율로 지식을 습득하는 방식을 익혀 두었는지의 여부가 향후 업무 성과와 크게는 삶의 질을 결정짓는 데 큰 영향을 줄 수밖에 없다.

우리나라는 이른바 '시험 공화국'이다. 시험을 통한 성적이 가장 객관적이고 공정하다는 인식하에, 각종 자격, 승진, 채용 등 다양한 삶의 관문에 시험이 중요 평가 요소로 자리잡고 있다. 이러한 시험'만'을 준비할 시간은 당연하게도 따로 주어지지 않는다. 그러니 최소 비용으로 최대 효율을 올리는 벼락치기 공부법을 익혀 두는 것은 단순히 이번 중간고사를 잘 보는 비법에 그치지 않고, '내가 하고 싶은 일'을 할 수 있도록 해 주는 강력한 무기가 된다. 2주간의 짧은 벼락치기를 통해 작은 성공을 경험해 보자. 그 경험은 앞으로 당신을 작고 큰 성공으로 이끌 것이다.

나뿐만 아니라 내 주변 친구들과 사회에서 만난 다양한 사람들 등 모든 개개인이 각자의 인생의 주인공으로서 자신의 이야기를 매일 만들어 가고 있다는 사실을 새삼 깨달을 때, 경이로움을 느낀다. 물론 자기 자신을 생각할 때 유재석이나 삼성의 이재용처럼 유명한 사람들에 비해 스스로가 아무 것도 아닌 사람처럼 느껴질 수 있다. 하지만 이 책을 읽는 여러분도 각자의 인생에서는 조연이나 엑스트라가 아닌, 나의 인생의 방향을 결정할 수 있는 주인공이자 작가다. 이 책을 읽은 경험은 여러분의 인생에서 어떤 이벤트가 될 것인가? 인생 방향을 바꿀 수 있는 변수가 될 수 있을지, 아니면 그냥 변화 없이 지나가는 하루가 될지는 이 책을 덮고 난 다음의 여러분에게 달려 있다.

SKY 부부의 2주 완성 벼락치기 공부법

초판 1쇄 발행 2024년 4월 3일

지은이 안예찬, 고선희
펴낸이 박영미
펴낸곳 포르체

책임편집 김다예
마케팅 정은주
디자인 황규성

출판신고 2020년 7월 20일 제2020-000103호
전화 02-6083-0128 | 팩스 02-6008-0126
이메일 porchetogo@gmail.com
포스트 https://m.post.naver.com/porche_book
인스타그램 www.instagram.com/porche_book

여러분의 소중한 원고를 보내주세요.
porchetogo@gmail.com